아주 작은 디테일의 힘

感動経営;
── 世界一の豪華列車「ななつ星」トップが明かす49の心得
唐池恒二 著
ダイヤモンド社 刊
2018

KANDO KEIEI
by Koji Karaike
Original Japanese language edition published by Diamond, Inc., Tokyo.

망해가던 시골 기차를 로망의 아이콘으로 만든 7가지 비밀

아주 작은
디테일의 힘

가라이케 고지 지음 · **정은희** 옮김

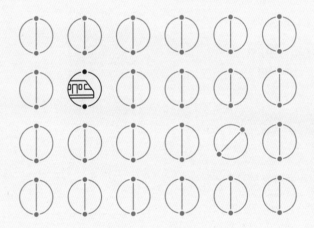

비즈니스북스

아주 작은 디테일의 힘

1판 1쇄 발행 2019년 10월 4일
1판 5쇄 발행 2023년 2월 7일

지은이 | 가라이케 고지
옮긴이 | 정은희
발행인 | 홍영태
발행처 | (주)비즈니스북스
등 록 | 제2000-000225호(2000년 2월 28일)
주 소 | 03991 서울시 마포구 월드컵북로6길 3 이노베이스빌딩 7층
전 화 | (02)338-9449
팩 스 | (02)338-6543
대표메일 | bb@businessbooks.co.kr
홈페이지 | http://www.businessbooks.co.kr
블로그 | http://blog.naver.com/biz_books
페이스북 | thebizbooks
ISBN 979-11-6254-104-3   03190

고객을 진정 감동시키는 일은
아주 작은 디테일에서 시작된다!

작지만 강한 감동이
넘볼 수 없는 차이를 만든다

사람과의 관계에서 가장 중요한 것은 진심과 배려다. 나를 신경 써주고, 아껴주는 사람에게 우리는 호감과 호의를 갖는다. 때로는 감동하는 마음까지 들뿐더러 그런 관계는 오래 지속된다. 이는 기업을 경영하는 데 있어서도 마찬가지다.

고객의 지갑을 열고 이윤을 내는 것에만 탐닉하는 기업이 있는가 하면, 언제나 고객이 원하는 것을 제공하기 위해 최선을 다하는 기업이 있다. 나아가 내부 직원과 지역사회의 발전까지 신경 쓰며 상생과 공존을 실천하는 기업이라면 그 자체로 감동일 것이다.

JR큐슈에는 현재 약 40개의 자회사가 있다. 철도사업이 가장 널리 알려져 있지만, 매출액의 60퍼센트는 철도 외의 사업에서 거두고 있다. 하카타와 한국을 오가는 고속선 '비틀', 도쿄 아카사카에 있는 '우마야' 같은 음식점 등 다양한 분야에서 사업을 펼치고 있다.

물론 순풍에 돛을 단 배처럼 순조롭게 여기까지 온 것은 아니다. 국철 분할 민영화(1987년 일본 국유철도의 경영난을 극복하고자 국철을 JR계열 7개사 중심으로 나누어 민영화한 정책─옮긴이) 이후 JR 홋카이도, JR시코쿠와 함께 '삼도=島 JR'이라 불리며, 역경과 굴욕의 시간을 보내기도 했다.

하지만 다행스럽게도 당시 모든 직원들이 합심해 위기를 극복할 수 있었다. 안일하게 있다가는 회사가 문을 닫을지도 모른다는 점, 지속가능한 성장을 위해서는 새로운 활로를 찾아야 한다는 점을 정확하게 인식했다. 바로 이것이 크고 작은 고난 속에서도 긍정적인 사고와 적극적인 자세로 여러 사업을 추진해나갈 수 있는 원동력이었다.

역경은 우리가 선택할 수 없지만, 역경이 닥쳤을 때 포기할 것인지 꿈을 꾸며 앞으로 나아갈 것인지는 선택할 수 있다. 나는 꿈꾸기를 선택했고, 전 직원이 긍정의 의지를 다지며 미래를 향해 다시 도전했다. 덕분에 망해가던 시골 기차가 로망의 아이콘으로 거듭날 수 있었다.

하룻밤 이용료가 500만 원에 달하는 특급열차인 나나쓰보시가 특별한 건, 단순히 물건과 서비스를 파는 게 아니라 고객의 마음에 감동을 선사하기 때문이다. 그 감동의 원천은 디테일에 있다. 눈에 보이지 않는 사소한 것과 무심코 지나치는 순간까지 세심하게 신경 쓰는 것, 이것이 나나쓰보시의 힘이다. 그리고 이는 바닥부터 다지고 올라온 나의 경험과 실패 속에서 얻은 교훈에 기인한다.

1979년 소니는 소형 카세트테이프 재생기기 워크맨을 출시했다. 당시 세상은 충격과 감동에 휩싸였다. 사람들에게 감동을 선사하겠다는 소니의 의지와 그 감동을 직접 경험해보고 싶었던 소비자들의 마음이 만나 놀라운 시너지를 만들어낸 것이다.

토요타가 1997년에 세계 최초로 하이브리드 승용차 프리우스를 선보였을 때도 마찬가지였다. 놀라운 연비와 예상보다 훨씬 합리적인 가격에 사람들은 감동받았다. 온 세상이 떠들썩했다.

고객에게 감동을 주는 상품과 서비스를 개발한다면 그 조직은 더 성숙해지고, 위기를 극복하는 회복탄력성도 커진다. 고객에게 사랑받는 기업은 결코 무너지지 않는다. 그리고 그 바탕에는 작은 것을 놓치지 않는 세심함, 마지막까지 최선의 노력을 다하는 철저함이 있다. 이것이 저성장 시대에도 살아남는 기업의 비밀이다.

경영의 목적은 사람들에게 감동을 주는 것이다. 그리고 감동은 아주 작은 디테일에서 시작된다. 책을 쓰는 내내 이 말을 수없이 되뇌었다. 이 책으로 독자들에게 감동을 줄 수 있다면, 나 역시 저자로서 큰 감동을 받을 것이다. 이 책을 읽는 것이 부디 감동을 공유하는 멋진 경험이 되기를 바란다.

큐슈여객철도주식회사(JR큐슈) 대표이사

가라이케 고지

"최고급 객실이 맨 마지막 칸에 위치하는 이유!"

창밖 경치가 한눈에 들어오는 마지막 칸의 창문을
우리는 '30억 엔짜리 액자'라고 부른다.
차창 너머의 경치를 독점하는 것. 특등석을 맨 마지막 칸에 설계한 이유다.

"예스럽고 고급스러운 인테리어로 품격을 더하다!"

옷칠로 반짝반짝 빛나는 외관뿐 아니라, 전통 공예 방식으로 수작업한
내부 인테리어도 호화 열차스럽다. 전등 하나, 장식 하나에도 품격을 담았다.

"최고의 초밥이 남다른 것은
거기 담긴 노력과 정성 때문이다!"

나나쓰보시에서는 초밥 장인이 현장에서 직접 만든 초밥을 맛볼 수 있다.
그 초밥의 진미는 거기에 담긴 노력과 정성에서 나온다.

"그 기차에서는 평범한 순간도 아주 특별해진다."

나나쓰보시 호화 열차에는 어떤 디테일의 법칙이 숨어 있을까?

제3장

보이지 않는 곳까지 디자인하는 기술

일이 즐거워지려면 생각과 행동을 다시 설계하라

제4장 평범함을 특별함으로 바꿔주는 1% 디테일
소통이 잘 되면 사람도 기업도 술술 풀린다

제5장 데이터가 이기지 못할 경험의 세상
성공하는 마케팅 전략은 고객 마음속에 있다

제1장

망해가던 시골 기차가
로망의 아이콘으로

디테일의 차이가 격의 차이를 만든다

10배 비싼 티켓이
불티나게 팔리는 이유

"축하드립니다! 당첨되셨습니다!"

전화기 너머에서 순간 침묵이 흐른다. 곧이어 놀람과 감격, 흥분이 뒤범벅된 목소리가 흘러나온다.

"정말이에요? 제가 나나쓰보시(일본어로 '북두칠성'이라는 뜻)에 당첨됐다고요?"

최고 경쟁률 316:1이
전해주는 기대치

나나쓰보시는 반년에 한 번, 한 달 동안만 예약 신청을 받는다. 4월에는 그해 가을부터 이듬해 봄까지, 10월에는 이듬해 봄부터 가을까지 각각 반년 간의 예약을 받는다.

2013년 10월 운행을 시작한 이래, 나나쓰보시의 예약자 수는 항상 열차 정원을 넘어섰다. 7호차에 마련된 최고 등급의 DX스위트 객실은 한때 316 대 1의 경쟁률을 기록하기도 했다. 그야말로 복권 당첨에 비할 수 있을 정도로 높은 경쟁률이다. 한 달간의 예약 접수 기간이 지나면 출발일별로 추첨이 진행된다.

마케팅 전문지 《닛케이MJ》의 일면에는 '세계 최고 권력자도 거절할 수 있는 각오'라는 기사가 실린 적이 있다. 그만큼 나나쓰보시는 엄정한 추첨 과정을 거쳐 당첨자를 선정한다. 혈연이나 지연, 학연 등 그 어떤 인맥이나 연줄도 통하지 않는다. 높은 경쟁률을 감내하며 사전 예약을 하고, 간절한 마음으로 당첨을 기다리는 고객들을 실망시키고 배신하는 행위는 절대 있을 수 없다.

추첨 다음 날 아침 10시 즈음부터 투어데스크 직원들이 고객들에게 직접 전화해 당첨 사실을 알린다. 투어데스크에는 나나쓰보시에 관한 모든 정보를 꿰뚫고 있는 다섯 명의 여직원이 있다. 그들이 분담해 당첨된 고객에게 연락한다.

직원 한 명이 고객에게 전화를 걸 때, 나머지 직원들은 잠시 일을 중단하고 통화 중인 직원 옆에 모인다. 그러고 나서 통화하는 직원이 밝은 목소리로 "축하드립니다!"라고 말하면, 나머지 직원

들이 동시에 손뼉을 치며 함께 축하해준다. 수화기 너머의 고객
은 당첨 소식에 놀라고, 연이어 들리는 박수 소리에 한번 더 놀라
며 감동은 더욱 커진다.

"정말 다행이에요! 부모님을 꼭 한번 태워드리고 싶었거든요."

"혹시 꿈은 아니겠죠? 너무 좋아요!"

"감사합니다. 계속 떨어져서 포기하고 있었는데, 정말 감사합
니다!"

당첨 소식에 감동받은 고객만큼이나 우리 직원들도 그들이 전
하는 말에서 행복과 감사의 마음을 느낀다. 간혹 갑자기 울음을
터뜨리거나 직원들에게 고맙다는 말을 무한 반복하는 고객도 있
다. 어떤 직원은 그런 고객의 반응에 함께 눈물을 훔치기도 한다.
감격에 겨운 마음이 오가며 행복과 감동을 함께 나눈 것이다. 감
동한 고객이 감동한 직원을 만들었다고나 할까.

나나쓰보시 여행의 감동은 바로 이 순간, 당첨 소식을 전해들
을 때부터 시작된다. 고객과 투어데스크 직원의 통화는 여기서
끝나지 않는다. 그날부터 열차 출발 전까지 수개월 동안 약 20회
정도 연락해 이런저런 이야기를 나눈다.

간절히 원하던 상품을 어렵사리 구했을 때 고객들이 흥분하는
건 당연하다. 더구나 높은 경쟁률을 뚫고 당첨된 상품이라면 더
욱 그렇다. 하지만 중요한 건 그 이후부터다. 애써 상품을 구입했

는데 기업의 서비스가 신통치 않거나, 제품에 문제가 있거나, 직원의 응대가 불친절하다면 어떤 고객도 기분 좋을 리 없다. 한층 높아졌던 고객의 기대감은 순식간에 사그라지고 만다. 그런 기업이 감동을 줄 리 없고 고객의 사랑을 받을 리 없다.

감격스러운 첫 통화를 하고서 며칠이 지나면, JR큐슈에서 정식으로 당첨 소식을 알리는 우편물을 보낸다. 투어데스크 직원들은 글자 하나하나에 마음을 담아 고객의 이름과 주소를 적는다. 반년치 우편물이 수백 장에 달해 상당한 노동력과 시간을 필요로 하지만, 직원들의 표정은 하나같이 밝다. 모든 과정의 사소한 디테일까지 최선을 다함으로써 우리의 고객은 모든 순간 특별함을 선물받게 된다.

마지막으로 대표이사인 내가 당첨 통지서 한 장 한 장에 직접 서명한다. 보기 좋은 글씨체는 아니지만 직원들이 정성 들여 쓴 글을 보면 펜을 들지 않을 수 없다. 그래서 매번 직원들과 고객들을 생각하면서 한나절 동안은 만년필과 씨름한다.

당연한 말이지만, 당첨된 고객들은 나나쓰보시에 관해 자세히 알고 싶어한다. 그래서 당첨 소식을 알리는 첫 통화 후, 투어데스크 직원들은 고객들의 전화를 받느라 종일 분주하다.

"식사로는 어떤 요리가 나오나요?"

"열차 내에서는 금연인가요?"

"드레스 코드가 있나요?"

"출발 전날 그쪽으로 가서 하룻밤 자려고 하는데, 호텔 좀 소개해주세요."

고객들이 가장 궁금하게 여기는 사항은 대개 이 정도지만, 이야기할수록 질문은 꼬리에 꼬리를 물며 이어진다. 직원들은 그 질문 하나하나에 성심성의껏 답한다.

친근함이라는 무기는 고객을 어떻게 사로잡나

투어데스크 직원은 고객들에게 연락해 열차 탑승시 알아둬야 할 주의사항을 설명하기도 하고, 고객의 안부나 취미, 좋아하는 것 등을 조심스럽게 물어보기도 한다.

"싫어하는 음식이나 식품 알레르기는 없으신가요?"

"열차 내에서 피아노와 바이올린 라이브 연주가 있는데, 좋아하시는 곡이 있을까요?"

"결혼기념일이나 은혼식 같은 기념일이 있으면 말씀해주세요."

"출발일까지 한 달 남았는데, 더 궁금한 점은 없으신가요?"

"이제 일주일 남았습니다. 준비는 잘하고 계신가요?"

출발 날짜에 가까워질수록 고객들의 기대와 감동이 점점 커지는 것이 전화기 너머에까지 느껴진다.

실제로 고객 중에는 나나쓰보시 승차에 앞서 컨디션 관리를 하는 사람도 많다. 나나쓰보시 내에서는 반드시 금연해야 한다는 직원의 안내를 듣고, 평소 흡연을 즐기는 고객이 담배 끊는 연습을 하고 있다는 이야기를 들은 적도 있다.

한번은 이런 편지를 받기도 했다.

고령인 데다 몸도 편찮으신 아버지께서 당첨 소식을 들으신 후부터는 눈에 띄게 건강해지셨어요. 아마 나나쓰보시를 타기 위해 온 힘을 다해 기운을 내시는 것 같아요. 다리에 힘이 없으셔서 예전에는 걷는 것조차 힘들어하셨지만, 지금은 매일 집 주위를 1,000보씩 걷고 계세요. 최근에는 걷는 모습이 꽤 편안해지신 듯 보여 딸인 저까지도 행복한 나날을 보내고 있습니다.

직원이 이 편지를 보여줬을 때, 내 안에서 뭔가 모를 뜨거운 감정이 북받쳤다. 나의 바람대로 나나쓰보시는 사람들에게 깊은 감동을 주고 있었다. 작은 차이가 만들어내는 아주 특별한 감동 말이다. 상품 구매자와 판매자가 아니라 서로의 사연과 소중한 감정, 거기서 파생되는 감동을 공유하는 관계가 되는 것이다.

출발 당일 아침이면 하카타역에 있는 나나쓰보시 고객 전용 라운지 '긴세이'金星에 사람들이 모여든다. 라운지 곳곳에서 감격의 재회 장면이 펼쳐진다. "저에게 전화주신 분이시죠? 항상 친절하게 답변해주셔서 감사했어요. 꼭 한번 뵙고 싶었습니다."

서로 목소리로만 알고 지냈던 고객과 직원의 첫 만남. 몇 달 동안 이어진 통화 덕분에 그들은 마치 오래전부터 알고 지낸 사이처럼 보인다. 이렇게 친근감을 통해 고객의 마음을 편안하게 만들어주는 것이 나나쓰보시의 전략이다. 자신의 여행을 책임져줄 직원이 친절한데다 친근하기까지 하다면 여행의 안락함과 즐거움은 한층 더해질 것이다.

부드러운 것이야말로
가장 강력한 무기

음악은 사람의 마음을 움직이고 로망을 자극하는 최고의 수단이다. 3박 4일간의 나나쓰보시 여행에서 감동이 최고조에 달할 때는 마지막 날 저녁 시간이다. 나나쓰보시는 하카타역에서 출발하여 규슈를 일주한 뒤 마지막 날에 다시 하카타역으로 돌아온다.

하카타역에 도착하기 약 한 시간 전에 여행객들은 1호차에 마련된 라운지에 모여 고별 파티를 한다. 파티라고는 하지만 시끄럽고 요란스러운 자리가 아니라 나흘간의 여행 중에 찍은 사진들을 스크린에 비춰 함께 감상하는 자리다. 그 시간을 위해 직원들은 미리 사진을 고르고 편집해서 슬라이드쇼를 만든다.

여행이 음악을 만났을 때
일어나는 화학 작용

고객들은 여행의 감동을 다시 느끼기라도 하듯 즐거운 마음으로 바라보다가 이제 곧 여행이 끝난다는 사실을 깨닫고는 말로 표현하기 힘든 복잡한 얼굴로 스크린에서 눈을 떼지 못한다. 그들의 한숨과 감탄이 깊어질 무렵, 기차 소리와 함께 나나쓰보시에서만 들을 수 있는 바이올린 연주가 차내에 울려 퍼진다.

7~8분 정도 될까. 슬라이드쇼가 끝날 즈음이면 분위기가 상당히 숙연해진다. 영상이 끝남과 동시에 대부분의 사람이 눈물을 흘리기 시작한다. 절반 정도는 감정을 주체하지 못하고 큰 소리로 울기도 한다. 나흘간의 감동과 이제 곧 여행이 끝난다는 아쉬움이 교차하면서 감정이 점차 고조된다. 여기에 바이올린 연주가 더해지면서 감정은 절정에 이른다. 그야말로 심금을 울리는 연주다.

그 자리에 참석할 때마다 나는 생각한다. 만약 바이올린 연주가 없다면, 분명 그 정도로 사람들의 마음을 움직이거나 그렇게까지 감동의 눈물을 끌어내지는 못할 것이라고.

음악은 로망을 자극하고, 사람의 마음을 움직이는 가장 강력한 힘을 지니고 있다.

호화로움에 정성이 더해질 때
찾아오는 특별함

2013년 10월 규슈에서 달리기 시작한 호화 열차 나나쓰보시. 모두가 우려했던 것과 달리 높은 경쟁률을 보이며 매진 사례를 이어가는 데는 이유가 있다. 우리가 파는 것은 열차표가 아니기 때문이다. 우리가 파는 것은 편안한 휴식이고, 즐겁고도 훌륭한 여행 경험이며, 오래 남을 추억이고, 최상의 서비스다. 그리고 그 모든 것의 바탕에는 평범한 순간을 특별하게 만들어주는 나나쓰보시의 세심함이 있다.

일곱 량의 객차로 이루어진 나나쓰보시 열차의 게스트룸은 총 14개다. 3박 4일 코스의 열차는 매주 화요일에, 1박 2일 코스의 열차는 매주 토요일에 하카타역에서 출발해 규슈를 일주한 뒤 다시 하카타역으로 돌아온다.

운행을 시작한 이래 대략 반년을 1기로 하여, 그동안 서비스를 개선하고 세부 코스를 수정하면서 2018년 10월에 13기 고객들을 맞았다. 지금까지 구마모토 지진을 비롯해 각종 호우나 재해 등 난관도 많았지만, 감사하게도 나나쓰보시는 변함없는 응원을 받으며 많은 사람에게 설렘과 기대를 안겨주고 있다.

나나쓰보시와 함께 여행길에 오른 사람들의 감동은 하카타역 홈에 들어서는 열차를 볼 때부터 시작된다. 옻칠을 하여 반짝반짝 빛나는 외관에서 예스러움과 고급스러움이 동시에 느껴지기 때문이다. 그 모습을 본 사람들은 휘둥그레진 눈으로 감탄한다. 그러다가 열차에 올라타면 차내 인테리어에 다시 한번 눈이 커진다. 여기저기서 제법 큰 탄성이 흘러나온다.

최고 장인의 초밥이 주는 감동

점심시간이 다가와 식당차에 들어선 사람들은 직접 초밥을 만들고 있는 장인과 마주하고는 술렁이기 시작한다. 그 테이블에 앉아 도시락이 아닌, 방금 만든 초밥이 차례차례 등장하는 모습을 보고는 또 다른 감동을 경험한다.

여행객들은 보기만 해도 군침이 도는 음식에서 좀처럼 눈을 떼지 못한다. 그중에는 초밥 장인을 알아보는 사람도 꽤 있다. 초밥을 만들고 있는 사람은 하카타에서 첫손으로 꼽히는 초밥 식당 '야마나카'의 최고 장인이다. 이 사실이 알려지면 분위기는 점점 더 고조된다. 열차 안에서 그런 고급 식사를 할 수 있다는 사실에 많은 사람들이 흥분한다. 평소에는 쉽게 접할 수 없었던 장인의 정성스러운 마음과 최선을 다할 때 흘리는 땀이 사람들의 마음을 흔드는 것이다.

'야마나카'는 후쿠오카를 대표하는 초밥집이다. 이곳의 최고 장인, 야마나카 다쿠오 씨는 여든에 가까운 나이에도 예전보다 더 의욕적이고 친절하게 일하고 있다. 물론 그를 섭외하는 일은 쉽지 않았다. 하지만 우리는 포기하지 않았고 나나쓰보시의 진정성을 담아 설득을 거듭한 후 어렵게 승낙을 얻어냈다.

나나쓰보시에서 제공하는 초밥은 도시락이 아니다. 열차에 탑승한 손님들의 눈앞에서 직접 만들어 내놓아야 한다. 3박 4일 일정의 첫째 날인 화요일 점심때 야마나카 씨는 나나쓰보시에 타서 초밥을 만들어야 했다. 안타깝게도 그 시간에는 '야마나카' 본점을 지키지 못한다. 나나쓰보시를 위해 자신의 가게를 희생해야 하니 거절하는 것은 당연했다. 그래서 점심때만 승차하는 조건으로 겨우 승낙을 얻어낼 수 있었다.

하지만 현실은 생각과 달랐다. 점심만 제공한다면 시간이 오래 걸리지 않을 거라는 내 예상은 완전히 빗나갔다.

나나쓰보시에 승차하는 날, 야마나카 씨는 아침 5시 반에 일어난다. 시장에서 싱싱한 해산물을 구입한 뒤 가게로 돌아오면 바로 재료 손질을 시작한다. 흔들리는 열차 안에서 가능한 한 칼을 쓰지 않기 위해서다. 오전 9시가 되면, 초밥 재료를 들고 JR 차량 기지로 와 탑승한 뒤 열차 안에 마련된 주방에서 손님 맞을 준비를 한다.

장인이 준비하는 동안 열차는 차량기지에서 하카타역으로 이동하고, 오전 11시가 되면 손님들을 태우고 하카타역을 출발한다. 그렇게 야마나카 씨가 새벽부터 12시까지 식사 준비를 끝내면, 손님들은 식사 장소인 1호차 라운지카와 2호차 다이닝카(레스토랑)에 모여 점심 식사를 시작한다.

이처럼 정성이 가득한 초밥이 막 승차한 손님들의 마음을 단번에 사로잡는다. 덕분에 점심시간은 화기애애한 분위기 속에서 오후 2시 즈음 끝난다. 이후 장인은 조용히 뒷정리를 마치고 제자 두 명과 함께 히타역에서 내려 한숨 돌릴 틈도 없이 열차를 갈아타고 서둘러 하카타 역 앞에 있는 본점으로 돌아간다. 밤이 되면 그곳은 하카타 최고의 초밥을 맛보기 위해 몰려든 미식가들로 북적인다.

음식이 아니라
노력과 정성을 먹는다

야마나카 씨는 나나쓰보시 고객의 점심을 위해 아침 5시 반부터 오후 2시까지 아홉 시간 가까이 일했다. 두 시간 정도만 할애하면 될 것이라는 내 생각은 안일하기 짝이 없었다.

어느 날 미안해하는 나에게 그는 자신이 해야 할 일을 하는 것뿐이라며, 오히려 맛있는 초밥을 만드는 비밀 하나를 알려줬다. "아침에 일어나 열차에서 내려 식당으로 돌아갈 때까지 쌀 한 톨도 입에 대지 않는 것입니다."

아침 식사도 거른 채 일을 하러 나오는 장인의 입에 들어가는 것은 겨우 물 한 잔뿐이라고 했다. 공복 상태에서 일에 전념하는 것이 그의 비결이었다.

"초밥 장인은 공복 상태에서 초밥을 만들어야 합니다. 저를 가르쳐준 스승님께서 말씀하셨지요. 배가 부르면 자신이 만들고 있는 초밥을 봐도 먹고 싶지 않아요. 맛있어 보이지도 않고요. 반대로 공복이라면 아주 맛있어 보이겠지요. '이 초밥은 맛있을 거야'라고 생각하면서 만든 초밥이 확실히 더 맛있습니다."

아침부터 오후 2시가 넘을 때까지 장인과 그의 제자들은 배고픈 상태에서 고도의 집중력과 정성을 다해 초밥을 만든다. 그렇게 일에 몰두하고 난 후에는 지극히 평범한 메밀국수를 먹어도 최고의 진미를 느낄 수 있다고 한다.

정성을 다한다는 말은 바로 이런 뜻이다. 하나부터 열까지 모든 순간 자신이 감동받을 수 있을 정도로 노력하는 것. 야마나카 장인의 이야기를 듣고 나니, 사람들이 왜 그렇게 '야마나카' 초밥에 감동하는지 이해할 수 있었다.

'야마나카'의 초밥뿐 아니라 나나쓰보시의 요리에는 정성과 노력이 가득 담겨 있다. 나와 직원들이 손님들을 위해 직접 고민하고 선택한 메뉴로만 구성되어 있다. 그 선택의 기준은 외식사업에 종사했던 시절 깨달은 한 가지 확신을 바탕으로 한다.

손님들이 기뻐할 만한 최고의 메뉴는 무엇일까? 정답은 '노력과 땀'이다. 일정 수준을 뛰어넘는 요리는 반드시 그 나름의 맛을 지니고 있다. 그것이 얼마나 맛있다고 느낄지는 먹는 사람의 취향과 살아온 배경, 현재의 생활환경, 몸의 컨디션 등 다양한 요인에 따라 달라진다. 그래서 어떤 경우에도 호불호가 갈린다.

하지만 얼마나 노력했는지, 얼마나 많은 땀을 흘리며 준비했는지는 누구에게나 인정받을 수 있다. 노력은 측정할 수 있기 때문이다.

중요한 것은 맛이 아니라 정성과 노력이다. 이는 일정 수준을 뛰어넘는 모든 일의 성과에 적용되는 불변의 법칙이다.

여행의 감동과 품격을 높이는 100미터의 힘

신사에는 아악雅樂이 흐른다. 아악은 '서, 파, 급'으로 이루어지는데, '서'序는 박자가 없고 느린 속도로 전개되어 북을 치는 횟수만 정한 채 자유롭게 연주하는 것이다. '파'破부터는 박자가 더해지고 '급'急에서는 속도가 한층 더 빨라진다.

클라이맥스는 마지막에 찾아와야 하는 법

이렇게 한 곡은 총 3부로 구성된다. 조용하고 부드럽게 시작해 점점 템포가 빨라지다가, 마지막에 속도가 더 빨라지면서 클라이맥스를 이룬다.

음악뿐 아니라 감동을 주는 말도 마찬가지다. 경영자 중 명연설가로 유명한 마쓰시타 전기(전 파나소닉)의 창업자 마쓰시타 고노스케 회장과 유명 만담 콤비인 유메지 이토시와 키미 코이시 (1937년부터 2003년까지 활동한 일본의 형제 만담가―옮긴이)의 말도 아악과 비슷한 전개 방식을 띠고 있다.

대개 이들은 조곤조곤 이야기를 시작해 이론이나 에피소드를 전개한 뒤, 핵심적이고 임팩트 있는 메시지로 마무리한다. 잔잔하게 시작해 서서히 감정을 고조시킨 뒤 마지막에 가서 클라이맥스를 선사하며 울림을 주는 것이다. 그래야 임팩트가 크고 오래 간다.

최고급 객실이
기차 맨 끝에 있는 이유

나나쓰보시에서 가장 비싼 DX스위트 차량은 마지막 7호차에 위치한다. 창밖의 경치가 차례차례 시야의 저편으로 서서히 멀어져 가는 모습을 음미할 수 있다. 우리들이 '30억 엔짜리 액자'라고 부르는 차장 너머의 경치를 독점할 수 있는 특등석이다. 이 특등석을 1호차의 라운지카, 2호차의 다이닝카에서 가장 멀리 떨어진 곳에 두는 의견에 반대하는 사람도 많았다.

하지만 최고 가격의 DX스위트 객실을 가장 뒤쪽에 배치하면, 그곳은 다른 승객들이 왕래하지 않는 유일한 공간이 된다. 또한 식사 시간에는 DX스위트에 머무는 손님이 레스토랑에 가장 늦게 등장해 이목을 끌 수도 있다. 차창의 경치도 단연 최고일뿐더러 다섯 량이면 100미터니 걷기 힘든 거리도 아니다.

무엇보다 '걷기 즐거운 열차를 만들자'라고 말하면, 대부분의 관계자들은 이해해줬다. 이 명제를 앞에 두고 '돈디자인 연구소'의 미토오카 에이지 대표가 고민하는 듯 보여, 영화 《007 위기일발》의 주인공 제임스 본드가 덩치 큰 남자에게서 도망치는 장면을 예로 들어 설명했다.

제임스 본드는 오리엔트 특급열차의 통로를 지그재그로 움직이며 도망쳤다. 정말 멋있는 장면이었다. 곰곰이 생각해보면, 그처럼 지그재그로 도망칠 수 있었던 이유는 한 량마다 객실의 좌우 위치가 바뀌기 때문이다. 나는 그 점에 착안했다.

차창의 좌우가 각 량마다 달라지면 보이는 경치도 차량마다 바뀐다. 규슈를 여행하는 길이라면 푸른 바다를 보면서 가는 길이거나 푸른 산을 보면서 가는 길, 둘 중 하나다. 양쪽의 경치를 균등하게 볼 수 있다면 여러 차량을 지나 오래 걸으면서 바깥 풍경을 음미할 수 있을 것이다. 앞에서 누누이 말한 것처럼 클라이맥스로 향하는 길을 걸으면서 마음껏 즐거움을 누릴 수 있다.

나나쓰보시의 홈페이지에는 '레드 와인을 연상시키는 자줏빛 배경에 금박으로 빛나는 엠블럼. 여행의 품격을 갖춘 7개의 객차'라는 광고 문구가 적혀 있다. 덧붙이면 '여행의 품격을 높이는 100미터'라고도 할 수 있지 않을까.

남다른 품격을 만드는
1% 디테일의 차이

일의 목적은 사람들이 건강한 삶을 살도록 돕는 것이다. 의사라면 환자를, 배우라면 관객을, 작가라면 독자를, 레스토랑 점장이라면 고객을, JR큐슈 직원이라면 승객을…. 모든 일은 사람들이 건강하게 살아가도록 돕기 위해 존재한다고 말할 수 있다.

일이란 작은 것에도 사소한 순간에도 열정과 진심을 다함으로써 차이를 만들어내고 성과를 창출한다. 부하직원이 기획안을 들고 왔다고 가정해보자. 성과를 채우기 위해 마지못해 쓴 기획안이 아니라, 번뜩이는 아이디어와 성심껏 조사한 자료 속에서 열정이 엿보인다면 어떨까. 당연히 직속 상사에게 감동을 줄 것이다.

아마 저절로 감탄의 말이 나올지도 모른다. 품의서의 도장은 이런 과정을 거쳐 받아야 하는 법이다. 극단적으로 말하면, 자신에게 전혀 감동을 주지 못한 서류에는 도장을 찍지 말아야 한다. 그래서 상사는 쉽게 감동해서는 안 된다. 가장 까다로운 고객이 되어야 한다.

모든 순간이 친절과 배려로 채워질 때

고객에게 건강하고 감동적인 삶을 선물하고 싶다는 생각에 빠져 있으면, 다양한 아이디어와 상상력이 저절로 샘솟는다. 나나쓰보시의 승무원들은 승객들이 무엇을 바라고 열차에 타는지, 항상 고민하는 습관이 배어 있다.

회식 자리에서 직원들의 이야기를 들어보면, 지금은 나나쓰보시를 떠난 선배 승무원들과도 연락하면서 더 좋은 아이디어를 찾느라 바쁜 듯하다.

"나나쓰보시만의 특별한 서비스는 무엇일까?"

"나나쓰보시 승객이 가장 즐거워하는 것은 무엇일까?"

"처음 운행할 때와 비교해서 초심이 흐트러지지는 않았을까?"

불쑥 날아오는 질문에 대답할 마음의 준비를 하면서 이야기를 듣고 있으면, 저절로 흐뭇한 미소가 지어진다. 그런 직원들이 이

끌어가는 나나쓰보시가 운행을 시작하고 얼마 안 됐을 무렵, 여행을 마친 고객에게서 한 통의 편지를 받았다.

3박 4일 여행 동안 정말 감사했습니다. 특히 승무원 W씨에게서는 말로 다 못할 큰 감동을 받았습니다. W씨에게 지금은 세상을 떠난 남편과 30년 전 유후인에 갔을 때, 이삼 일 전부터 내린 호우 때문에 분고타케타에는 가지 못하고 버스로 우회했던 이야기를 했습니다. 그 이야기를 들은 W씨는 따뜻한 차 두 잔을 준비해 쓰고 있던 모자와 함께 테이블에 올려놓고는 "남편분과 함께 있다고 생각하시고 창밖의 풍경을 즐겨보세요."라고 말한 뒤 자리를 떠나셨어요. 전 너무 감동해서 눈물을 흘렸습니다.

고객보다 먼저
자신을 감동시켜라

고객의 편지 덕분에 이 감동적인 이야기가 모든 직원에게 알려졌다. 이 승객의 추억 이야기를 들은 직원 W는 동료들과 상의하여 그런 계획을 세웠다고 한다. W와 동료들은 항상 자신의 일과 고객의 마음에 대해 고민하고 있었기 때문에, 그런 아이디어를 생각해낼 수 있었을 것이다.

현재 W는 나나쓰보시를 떠나 다른 노선에서 열심히 일하고 있다. 그는 얼마 전에 만난 나에게 "나나쓰보시 같은 특별한 곳이 아니더라도 손님들께 어떻게 하면 감동을 전할 수 있을지, 항상 생각하고 있습니다."라고 웃으며 말했다.

당시 W가 그 승객에게 잊지 못할 추억을 선사할 수 있었던 이유는 승객이 들려준, 세상을 떠난 남편과의 추억 이야기에 감동했기 때문이다. 이처럼 감동할 줄 모르는 사람은 타인에게 감동을 줄 수 없다. 그래서 일을 잘하는 사람은 감동할 줄 아는 사람이다.

나는 항상 이 말을 가슴에 새겨두면서도 '상사는 쉽게 감동해서는 안 돼, 까다로운 고객이 되어야 해'라는 생각으로 마음을 다잡고 품의서를 들여다본다.

제2장

운이 좋은 기업을
만드는 비밀 병기

지속성장하는 기업은 기꺼이 경계 너머를 달린다

회사도 사람도
건강해야 오래간다

'어떻게 해야 조직이 건강해질까?'

항상 이런 생각으로 일하고, 행동하고, 계획한 것을 실행에 옮겨왔다. 이유는 모르겠지만, 젊은 시절부터 나는 신규 사업이나 적자를 내고 있는 사업을 맡을 때가 많았다.

JR큐슈는 철도회사지만, 선박사업에 뛰어들고 외식사업에도 눈을 돌리는 등 무모할 정도로 경영의 다각화에 도전해왔다. 물론 미래를 생각하면, 철도사업만으로는 틀림없이 무너질 회사였기 때문에 어쩔 수 없는 선택이었다.

나는 그런 운명 속에서 꽤 자주 무모한 선발대를 맡아왔다. 그

중에서도 선박사업과 외식사업에 참여한 시절이 가장 인상에 남는다. 선박사업부에서는 하카타와 부산을 잇는 국제 항로를 개설했다. 놀라운 속도로 항로를 개발했지만, 영업을 개시한 뒤 몇 년간은 악천후 때문에 취항률이 매우 낮았다.

승객 수가 늘지 않으니 적자로 고생할 수밖에 없었다. 일을 시작할 때는 새로운 사업을 멋지게 성공시켜보자는 마음으로 의지를 불태웠지만, 적자가 계속될수록 직원들은 의기소침해졌다.

외식사업부 차장에 임명되었을 때는 적자가 8억 엔(약 91억 원)이었다. 매출액이 20억 엔(약 227억 원)을 조금 넘기는 정도였으니, 정신이 아득해질 정도의 숫자가 눈앞에 닥친 것이다. 부임 당시 참여한 점장 회의에서는 다들 포기하는 분위기가 느껴졌고, 점장들은 어딘지 모르게 풀이 죽은 모습이었다.

사람과 조직에 활력을 불어넣어라

평소 나는 쉽게 울적해지는 편이다. 혼자 있을 때 외로워하고 적적해한다는 뜻이 아니다. 주변 사람들이 기운 없고 슬퍼 보이면, 덩달아 나도 같이 우울해지는 스타일이다. 감정 이입이 잘 된다고나 할까. 그래서 기운 없이 축 늘어진 사람을 보면 가만히 있을 수가 없다. 어떻게든 그 사람에게 다시 활력을 불어넣고 싶다는 생각에 에너지가 불끈 솟아난다.

젊은 시절, 조촐한 회식 자리에 참석했을 때도 그랬다. 대여섯 명 정도가 모인 자리에서 가장 말을 많이 하는 사람은 나였다. 농담이나 신변잡기를 늘어놓으며 사람들을 재밌게 해주고 싶은 마음에, 먹지도 마시지도 않고 대화에 열중할 때도 많았다.

그러다 무심코 쳐다본 옆자리 동료의 표정이 그다지 밝지 않다는 것을 알아챘다. 분명 얼굴은 웃고 있지만, 정말 즐거워서 웃는 것은 아닌 듯 보였다. 다른 사람들보다 말수도 확연히 적었다. 그때 나의 본능이 눈을 떴다.

새로운 화제를 꺼내 그에게 말을 걸었다. "그래서 자네는 어떻게 생각하지?" 상대에게 말할 계기를 만들어준 것이다. 그러자 그때까지 듣기만 하던 그가 굳게 닫힌 입을 열었다. 한번 입을 떼기 시작하자 단숨에 대화의 중심에 들어왔다. 웃을 때도 진심으로 즐거운 듯 보였고, 내가 내뱉는 농담에도 적극적으로 반응했다. 짧은 시간에 변하는 그의 모습을 보면서 나도 안심이 되고 기분이 좋아졌다. 분위기도 점점 고조되고 대화의 열기는 사그라질 기미가 보이지 않았다.

기운 없는 사람을 내버려두지 못하는 성격 탓에 선박사업부나 외식사업부에 있을 때도 가만히 있질 못했다. 어떻게 하면 모두에게 활력을 불어넣을 수 있을까, 온갖 아이디어를 짜내곤 했다.

큰 목소리로 인사하기, 꿈 나누기, 일의 속도 높이기

회식 자리에서 겉도는 동료를 대화의 중심으로 끌어들이는 일은 그리 어렵지 않지만, 회사나 조직에 활력을 불어넣기란 쉽지 않다. 그럴 때는 어려운 방법론이나 이론보다 간단하지만 효과 좋은 방법이 더 낫다. 쉬우면서도 탁월한 효과를 보이는 것은 바로 목소리를 이용하는 방법이다.

회사의 뿌리가 철도업이라서인지 우리 직원들은 '시사코쇼'에 능하다. 시사코쇼는 업계 용어로, 현장에서 손가락으로 가리키며 작업명이나 작업 상태를 소리 내어 확인하는 것을 뜻한다.

선박사업부에서는 평소에도 밝고 즐거운 분위기를 만들기 위해 아침부터 큰 소리로 인사를 나누게 했다. 인사는 직원들의 건강을 확인하는 수단이기도 하다. 날마다 서로의 건강을 살피다 보면 인사하는 목소리도 점점 더 커진다.

외식사업부에서도 같은 방법을 썼다. 점장과 종업원들끼리는 물론이고, 식당에 들어서는 손님에게도 큰 소리로 인사했다.

그에 더해 일하는 속도를 높여 활기찬 작업 분위기를 조성했다. 그리고 모든 직원과 매출 상황을 공유하며 흑자 전환이라는 꿈을 향해 의지를 다졌다. 그렇게 하다 보니 얼마 안 돼 점장과 종업원들의 사기가 올라가고 조직이 활기를 되찾는 것을 실감할 수 있었다.

　이처럼 사람과 조직이 짧은 시간 안에 활기를 되찾게 된 데는 크게 3가지 요인이 있다. 큰 목소리로 인사하기, 꿈 나누기, 일의 속도 높이기. 이는 내가 오랫동안 믿어온 '기'氣의 에너지를 최대한 끌어내는 수단이다.

　'기'는 눈에 보이지 않지만 누구나 지니고 있는, 심신 활동의 바탕이 되는 힘이다. '기'가 넘치는 사람은 건강하다. 반대로 '기'가 부족한 사람은 패기가 없고 에너지가 약하다. 그래서 나는 직원들의 '기'를 끌어올리는 데 주력했다. 활기 넘치는 직장과 가게를 만들고자 노력한 결과, 직원들은 물론 회사 전체가 건강해졌다.

기가 넘쳐야
운이 좋아진다

사람은 누구나 '기'를 지니고 있다. 사람뿐 아니라 조직과 집단도 마찬가지다. 직장이나 가게에도 '기'가 있다. 자연계의 '기'가 사람에게 미치는 영향 또한 대단하다.

기가 살아나면
조직도 살아난다

그렇다면 '기'란 무엇일까? 하늘과 땅 사이를 가득 채우고 우주를 구성하는 기본이다. 또한 생명의 원동력이 되는 힘, 즉 활력의 원천이다.

'기'란 지구상의 모든 만물에, 나아가 우주 공간에도 존재한다. 우리의 건강 상태와 활동의 성공 여부도 '기'에 달려 있다. 우주 안의 '기'를 자기 자신에게 끌어모아 주변에 '기'를 흘러넘치게 해야 한다. '기'의 힘으로 병을 치료하는 기공술, '기'의 힘으로 상대방을 제압하는 합기도는 이러한 토대에서 나온 것이다.

'기'는 원래 중국의 사상에서 유래됐다. 중국 사상에서 온 '기'의 개념과 사고방식은 사실 서양에도 있다. '기'를 영어로 표현하면 '에너지'energy다. 서양 사람들도 에너지에 따라 심신이 건강해질 수도 있고, 반대로 약해질 수도 있다고 생각한다.

나는 기를 한자로 쓸 때 약자인 '気'가 아니라 정자인 '氣'라고 쓴다. 氣는 중국에서도 18세기 전반까지 쓰인 글자이며, 일본에서도 1946년에 만든 '당용한자표'에 기재되어 있다. 氣라는 글자에는 일본어 가타카나 'ㄨ'메가 아니라 '米'미가 들어 있다. 米는 '사방으로 퍼져나간다'는 의미를 지닌 글자다. 우리는 어떤 사람이나 사물을 보고 '아우라가 느껴진다'라는 말을 할 때가 있는데, 이 아우라가 바로 '기'다.

'기'라는 글자에 米가 들어가는 또 다른 이유는 우리의 주식인 쌀이 대지의 에너지, 즉 '기'를 모아 결실을 맺기 때문이라는 설도 있다. 그래서 분명 '기'를 담아 하는 일은 고객들을 웃게 만들고 더불어 기업도 살게 한다.

운이 좋은 사람과
기업만이 아는 비밀

내가 일하는 방식도 이런 생각에 뿌리를 두고 있다. 간단히 말하면, 기를 규슈에 끌어모아 거둔 성과가 나나쓰보시 운행과 도쿄증권거래소 1부 상장이다. 나는 20년 전부터 직원들에게 '기가 흘러넘치는 직장을 만들자'라고 강조해왔다.

- '기'가 흘러넘치는 사람은 이익을 손에 넣을 수 있다.
- '기'가 흘러넘치는 직장은 건강해진다.
- '기'가 흘러넘치는 가게는 번성한다.
- '기'가 흘러넘치는 조직과 기업은 활력이 가득하고 실적이 오른다.

JR큐슈 사원이라면 귀에 딱지가 앉도록 들어온 문구들다. 사원들은 이 말대로 크고 작은 여러 사업과 프로젝트를 달성하기도 하고, 때로는 실패하는 경험을 쌓아왔다.

기는 기업이나 조직뿐 아니라 사람이 하는 모든 일에 영향을 미친다. 2003년, 호시노 센이치 감독이 이끄는 야구팀 한신 타이거스는 리그 우승을 거머쥐었다. 1985년 이후 18년 만에 거둔 성과였다. 그 전년까지 10년 동안 거의 B클라스(리그의 4위 이하를 가리킨다. 포스트시즌에 진출하는 1~3위까지를 A클래스라고 한다—옮긴이)에서 방황하던 팀이 예상치 못한 약진을 보여준 것이다.

시즌을 시작하기에 앞서 야구 해설자들은 항상 예상 순위를 발표하곤 하는데, 2003년 해설자 대부분이 한신 타이거스를 우승 후보로 거론조차 하지 않았다. 그간의 저조한 성적을 생각하면 당연한 일이었다. 기껏해야 A클래스에 들어가면 다행이라고 예상했다.

그런 가운데 딱 두 명의 해설자만이 '이번 시즌에 한신이 뭔가 일을 낼 것 같다', '어쩌면 우승할지도 모른다'라며 한신의 활약을 예측했다. 그 예측의 근거는 사실 '기'였다.

해설자의 말에 의하면, 봄 캠프 연습 중 한신 타이거스의 그라운드에는 '기'가 흘러넘쳤다고 한다. 수비 연습 때는 공을 쳐주는 코치도, 공을 받는 선수들도 모두 큰 소리로 외치며 투지를 불태우는 모습이 예사롭지 않았다는 것이다. 교대나 이동을 할 때도 군더더기 동작 없이 신속하고 시원스러운 움직임을 보여줬다고 한다.

힘찬 목소리와 민첩한 움직임, 투지가 넘치는 긴장감 등 그 어느 때보다 활기 넘치는 멋진 모습을 보여준 것이다. 그래서 그 두 명의 해설자는 한신 타이거스를 우승 후보로 점찍었고, 예측은 현실이 되었다.

평범했던 기업이
특별해지는 순간

사람은 누구나 '기'를 지니고 있다. 하지만 '기'의 질량이나 세기는 사람마다 다르다. 점점 더 많은 기를 모아 흘러넘치는 사람이 있는가 하면, 기가 점점 빠져나가 어쩐지 생기가 없는 사람도 있다.

기를 채워야
빛이 난다

인기 절정의 배우나 가수를 떠올려보자. 유명 연예인들을 공항 같은 곳에서 볼 때가 더러 있는데, 그들은 눈이 반짝이고 자신감이 넘쳐흐른다. 많은 사람이 오가는 혼잡한 곳에서도 금방 눈에 띄고 강렬한 기운이 느껴진다.

반면 그렇지 않은 경우도 있다. 몇 년 전까지는 텔레비전에 자주 나왔지만, 최근에는 보기 힘든 연예인을 우연히 본 적이 있다. 얼핏 봐도 생기가 없고 활력이 전혀 느껴지지 않았다. 주변 사람들에 묻혀 눈에 띄지도 않아 그대로 지나칠 뻔했다. 아우라도 전혀 느껴지지 않았다. 이처럼 누구나 갖고 있지만, '기'가 충만한 사람과 약한 사람 사이에는 차이가 나타나게 마련이다. 가게나 직장, 회사도 마찬가지다. '기'의 질량은 저마다 다르다.

'기'를 모으고 운이 풀리는 5가지 법칙

그렇다면 어떻게 해야 '기'가 충만한 조직으로 만들 수 있을까? 마흔 살 즈음, 나는 매년 8억 엔(약91억 원)의 적자를 안고 있던 외식사업부로 이동했다. 흑자 전환을 목표로 매일 직원들과 함께 땀 흘려가며 분투하던 과정에서 하나의 법칙을 발견했다. 바로 '기'를 모으는 5가지 법칙이다.

1. 꿈꾸는 힘

꿈은 미래를 향한 희망을 품고 있다. 그래서 꿈은 사람을 건강하게 만든다. 꿈을 꾸면 나아가야 할 방향과 해야 할 일이 명확히 보이고, 조직의 힘을 최대한 발휘할 수 있게 된다. 외식사업에서 내가 꾸었던 꿈은 적자 탈피, 나아가 흑자 전환이었다.

IT투자기업 소프트뱅크의 손정의 사장은 1981년 처음 회사를 세웠을 때 직원들에게 자신의 꿈을 밝혔는데, 이노우에 아쓰오가 쓴 《일본의 제일부자 손정의》에 이렇게 나와 있다.

"매출액은 5년에 100억 엔(약 1,130억 원), 10년에 500억 엔 (약 565억 원)을 달성한다."

"언젠가 두부를 세듯 1조, 2조로 세고 싶다."

그로부터 32년이 지난 2013년, 소프트뱅크의 연결결산(모회사, 자회사 등 모든 관련 회사의 사업 결과를 종합한 결산—옮긴이) 수치를 보면 매출액이 6조 엔(약 67조 8,000억 원)을 넘는다. 꿈꾸는 힘이 손정의 사장과 소프트뱅크 직원 모두에게 '기'를 불어넣었고, 마침내 꿈이 실현된 것이다.

나 역시 나나쓰보시를 만들 때 열차를 만드는 사람들에게 내 꿈을 이야기했다.

"JR큐슈는 세계 최고의 호화 열차를 만들 겁니다."

어떤 사람은 사장이 허풍을 떤다고 생각했겠지만, 대부분의 사람은 '세계 최고'라는 말에 매료됐다. 이 말은 그들의 장인 정신을 자극했고 의지를 불태우게 하는 원동력이 되었다. 세계 최고의 열차를 만들기 위해 본인들의 기술을 최대한 끌어내서 쏟아 부었다. 꿈꾸는 힘이 그 사람들에게 활기를 불어넣어 '기'가 흘러넘치도록 만든 셈이다.

2. 시원시원하고 신속하게 일하기

'기'가 넘치는 조직에서는 직원들이 일상적인 일도 시원시원하고 신속하게 해나간다. 걸어 다닐 때도 발을 질질 끌지 않고 힘차게 걷는다. 고객과 이야기를 나눌 때도 속도를 최우선으로 생각한다. 회사 전체가 빠르게 움직이면 '기'는 더 모인다.

3. 밝고 힘찬 목소리

고객을 만날 때나 직장 동료와 마주칠 때 밝고 힘찬 목소리로 인사해야 한다. 직원들의 목소리에 힘이 넘치는 회사에는 '기'가 모인다. 밝고 힘 있는 목소리는 고객에게 신뢰와 안도감을 줘서 영업 활성화에 도움이 된다. 직원 간 커뮤니케이션의 시작점이 될 수도 있다. 회의를 할 때도 작은 목소리로 이야기하는 회사에는 '기'가 모이지 않는다. 전화 통화도 마찬가지다. 속삭이듯 작은 목소리로 통화하는 사람은 대개 무의미한 이야기를 나누는 경우가 많다. 거리낄 게 없다면 당당한 목소리로 이야기하라.

4. 빈틈을 보이지 않는 긴장감

어느 잡지에 '당신이 좋아하는 가게를 소개해주세요'라는 주제의 특집 기사가 실렸다. 어느 배우가 소개한 작은 초밥집 이야기가 흥미로웠다. "거기는 언제 가도 묘한 긴장감이 느껴져요. 절대로 손님들에게 빈틈을 보이지 않는다고 할까요. 그래서 참 좋은 가게라는 생각이 들어요."

빈틈을 보이지 않는 긴장감. 괜찮은 가게에서는 점원들끼리 잡담을 나누는 모습조차 보기 힘들다. 가게 안이든 밖이든 항상 구석구석까지 정리정돈이 잘되어 있고, 먼지 하나 없이 깨끗하다. 점원을 비롯한 가게 전체가 오로지 손님에게만 집중하는 느낌이 든다. 빈틈을 보이지 않는 긴장감은 프로페셔널함으로 연결된다. 그런 긴장감은 가게뿐만 아니라 개인이나 회사에도 중요하다. 긴장감이 '기'를 불러 모으기 때문이다.

5. 자기 발전을 향한 향상심

매일 조금씩이라도 실력을 키우고 지식을 쌓아라. 목표를 향해 한 발자국이라도 전진하고자 하는 향상심은 '기'를 불러 모은다. '기'는 누구에게나 있지만 그 양과 세기는 각자의 노력에 따라 달라진다. 열심히 노력하는 사람은 기가 점점 늘어나 결국 '꿈의 실현'이라는 선물을 받게 된다.

좋은 운을 끌어당기는
작지만 큰 변화

사장직을 맡은 지 2년째 되던 해, 전 직원과 함께 '행동 훈련'을 시작했다. '기'를 모으는 5가지 법칙을 깨닫고 난 후, 직원들과 함께 실천할 수 있는 방법을 고민하기 시작한 것이다. 그중 한 가지가 집단 퍼포먼스였다.

어느 날, 텔레비전에서 일본체육대학의 집단 퍼포먼스를 소개하는 방송을 봤는데 눈을 뗄 수가 없었다. 빈틈을 찾아볼 수 없는 정확하고 시원시원한 동작 하나하나에 '기'가 흘러넘쳤다. 큰 감동을 받아 한참이나 넋을 놓고 바라보다가 회사에서도 이런 집단 퍼포먼스를 해보고 싶다는 생각이 들었다.

행동을 바꾸면
미래가 달라진다

체육대학 학생들의 수준에는 못 미치겠지만, 기초 동작 정도는 전 직원이 함께 해볼 수 있지 않을까 하는 생각에 그 동작을 '행동 훈련'이라고 이름 붙였다.

사장을 포함한 모든 임직원이 반년에 한 번, 행동 훈련을 시행하기로 결정했다. 하지만 한 번 할 때마다 한 시간 정도 걸리고 꽤 힘들었다. 행동 훈련의 성과는 기관사나 역무원의 안전 확인 동작에서 여실히 나타났다. 작업 상황을 확인할 때 손가락으로 가리키며 취하는 자세와 동작에서 절도가 느껴졌다. 움직임 하나하나가 예전보다 훨씬 더 힘 있고 보기 좋아졌다. 직장 내 분위기에도 변화가 생겼다. 정신을 바짝 차리게 하는 긴장감이 현장을 가득 메웠다. '기'가 흘러넘치게 된 것이다.

행동 훈련을 시작한 지 2년째 되던 해, JR큐슈 사원들은 댄스팀을 결성해 후쿠코이 아시아 축제에 출전했다. 팀명은 'JR큐슈오엔타이'였다. 후쿠코이 아시아 축제는 삿포로의 요사코이소란 축제의 성격을 이어받은 단체 댄스 대회다. 약 80팀 정도가 출전하는데 단골 출전 팀들이 매년 상위에 오른다.

고교생 댄스 대회에서 여러 차례 좋은 성적을 낸 학교 댄스팀을 비롯한 몇몇 팀들은 꽤 유명하다. 반면에 사원만으로 구성된

JR큐슈오엔타이가 어디까지 올라갈 수 있을지 살짝 걱정되기도 했다. 하지만 JR큐슈오엔타이는 첫 출전에서 행동 훈련의 집대성이라고 할 수 있는 강인한 이미지의 퍼포먼스를 보여줬다. 그리고 당당하게 5위에 입상하는 쾌거를 이뤘다.

무엇보다 관객에게 얼마나 큰 감동을 줬는지를 따져보면, 우승팀에 필적할 만한 수준이라는 말이 대회장 여기저기서 들려왔다. 나 역시 같은 생각이다. JR큐슈오엔타이의 무대에는 '기'가 흘러넘쳤다. 이 역시 행동 훈련의 성과 중 하나임이 분명하다.

첫 출전 우승과
2연패 달성의 이유

첫 출전을 하고 5년째 되던 해, 후쿠코이 아시아 축제의 원조격인 삿포로의 요사코이소란 축제에 도전했다. 출전한 65개의 팀 중 대략 80퍼센트는 홋카이도 내의 팀이었다. 원정 팀의 어려움을 감수해야 했지만, 굳은 각오로 출전을 결정했다.

역시 후쿠코이 아시아 축제의 본고장은 달랐다. 우리만의 특기가 돋보이도록 고심해 짠 안무가 평범해 보일 만큼 다른 팀들의 압도적인 무대가 이어졌다. 우승 후보 팀은 물론이고 모든 팀이 수준 높은 공연을 펼쳤다. JR큐슈오엔타이는 남녀가 함께하는 혼성팀인 데다 딱딱한 인상을 주는 철도원 제복 스타일의 남색 의

상을 입고 있어서 다른 팀과는 사뭇 다른 인상을 주었다.

입상조차 자신할 수 없었다. 반쯤 포기한 상태로 무대를 지켜보았다. 그런데 우리 팀이 무대에 오르자 의외의 반응이 터져 나왔다. 행동 훈련을 연상케 하는 절도 있는 몸짓에 사람들이 놀란 표정을 짓는 게 아닌가. 심사위원들도 눈을 반짝이며 집중했다. 어쩌면 예상 밖의 선전을 할 수도 있지 않을까, 내 마음속에서는 기대감이 꿈틀대기 시작했다. 결과는 놀랍게도 우승! 먼 거리를 달려간 데다 첫 출전이라는 어려움을 극복하고 우승을 거머쥔 것이다.

사실 한 번 우승하는 것도 어려운 일이지만, 연속 우승하는 것은 거의 불가능에 가까운 일이다. JR큐슈오엔타이는 연패를 목표로 그다음 해에도 다시 삿포로 땅을 밟았다. 설마 다른 지역 팀에게 연속 우승을 안겨줄 리 있을까 하는 의구심을 갖고 있었기에, 마음을 비우고 아나운서의 결과 발표를 들었다.

"대상은 JR큐슈오엔타이!"

믿기지 않는 일이 벌어졌다. 연패를 달성한 것이다. JR큐슈오엔타이의 무대는 유튜브에서도 엄청난 인기를 끌었다. 이는 모두 우리가 온 마음을 다해 끌어모은 '기'가 가져다준 놀라운 성과다.

꿈꿀 수 있다면
이룰 수 있다

'기'가 흘러넘치게 하는 제1법칙은 '꿈꾸는 힘'이라고 앞서 말했다. 나는 '꿈'이라는 단어를 좋아한다. 이는 다른 경영자나 기업이 쓰는 '비전'이라는 말과 같다.

기업이 목표로 삼는 이미지는 비전, 즉 꿈이다. 회사가 순조롭게 운영될 때는 꿈을 꾸는 힘이 내부에서 잘 생겨나지 않는다. 문제가 없으니 현상 유지만 해도 괜찮다는 생각이 직원들 사이에 싹튼다. 옛날 말로 하면 국철병이고, 요즘 말로 대기업병이라고 할 수 있다. 하지만 역경이 닥치면 달라진다. 위기 상황에서 벗어나야 한다는 긴박함이 생각과 행동의 변화를 가져온다. 필사적으로 미래를 생각하고 비전을 그리며 꿈꿀 수밖에 없다.

생각해보면 JR큐슈는 그리 큰 기업은 아니다. JR홋카이도, JR 시코쿠와 함께 '삼도 JR' 중 하나로, 야마노테선(JR히가시니혼 철도 회사가 운영하며 도쿄의 핵심 지역을 도는 순환선—옮긴이)도 신칸센 도 없다. 그저 적자 노선만을 달리는, 불과 30년밖에 안 된 작은 회사다.

역경에서 희망을 찾을까, 절망에 빠질까

'역경 속에 꿈이 있다.'

이것은 개인이든 조직이든 마찬가지다. 역경 속에서도 꿈과 비 전을 잃지 않아야 포기하지 않고 한발 더 나아갈 수 있다.

구마모토현의 가바시마 이쿠오 지사 이야기를 살펴보자. 그는 개인적 역경 속에서도 꿈을 잃지 않았다. 어린 시절 가바시마 지 사는 목장 주인, 정치가, 소설가가 되고 싶다는 꿈을 품고 있었다. 하지만 학교 성적은 구마모토 현립 고등학교 학생 총 220명 중 200등으로, 낙오자 취급을 받았다.

사회인이 된 후에는 어땠을까? 학창 시절과는 다른 길을 걷는 다. 심기일전해 공부에 매진했고, 농협 직원을 거쳐 농업 연수생 신분으로 미국에 건너가 학문에 눈을 떴다. 24세에 네브래스카대학교 농학부에 입학했고, 대학원에서는 농업경제학 석사 과정을 밟았다. 그 후 정치학을 공부하기로 결심하고 하버드대학교 케네디스쿨에서 정치경제학 박사 학위까지 취득했다.

이에 그치지 않았다. 쓰쿠바대학교 교수를 거쳐 50세에는 도쿄대학교 법학부 교수에 취임했다. 61세에는 구마모토현 지사 선거에 출마하여 다섯 명의 후보자와 경쟁했다. 결국 총 투표수의 절반에 달하는 표를 얻어 압도적인 표차로 당선됐다. 현재는 세 번째 지사직을 맡고 있다. 그 기간 동안 자신의 월급 중 100만 엔(약 1,130만 원)을 차감하면서까지 대담한 재정 재정비를 단행해, 취임한 지 7년 만에 부채 1,500억 엔(약 1조 6,959억 원)을 변제하는 성과를 냈다.

이처럼 모든 면에서 승승장구해온 것처럼 보이는 가바시마 지사에게도 여러 번의 역경이 있었다. 2016년 4월에는 구마모토 지진이 발생했다. 기묘하게도 본진이 발생한 4월 16일은 그의 세 번째 임기가 시작되는 날이었다. 지사는 지금도 재해 대응부터 복구 작업에 이르기까지 모든 과정을 진두지휘하며 창조적 부흥을 자신의 사명으로 여기고 있다.

피해자들의 주거 시설 재건을 비롯하여 하루라도 빨리 구마모토를 복구하기 위해 최선을 다하는 중이다. 그 덕분인지 다행스럽게도 구마모토는 눈에 띄게 빠른 속도로 회복되는 중이다. 구마모토성 천수각(성의 중심부에 가장 높게 만든 망루)의 복구와 막대한 피해를 입은 아소 지역의 관광사업과 경제 재생이라는 꿈도 머지않아 실현될 것으로 보인다.

그는 가혹한 역경 속에서도 빠른 판단으로 앞으로의 과제를 설정했다. '역경 속에 꿈이 있다'라는 말을 모토로 삼아 지역민들과 함께 구마모토의 부흥을 꿈꾸고 있다. 가바시마 지사는 규슈 사람들이 존경하는 리더 중 한 사람이다. 고난이 끊이지 않는 규슈인들에게 희망과 교훈의 본보기가 되어주기 때문이다.

꿈꾸는 기업은 늙지 않는다

비전 대신 꿈이라는 말을 쓴다는 발상은 3대 이치카와 엔노스케(현 2대 이치카와 엔오—옮긴이)가 만든 현대식 가부키, 이른바 슈퍼 가부키《신 삼국지》속 제갈공명의 대사를 보고 떠올린 것이다.

"우리는 꿈꾸는 힘으로 유비님을 성심껏 섬겨 훌륭한 군주로 옹립하자. 꿈꾸는 힘이 우리를 여기까지 오게 했으며, 우리 모두의 사기를 드높였다."

나는 이 대사에 깊은 감명을 받았다. JR큐슈라는 회사는 국철 시절부터 기업의 존재 이유(미션)만을 추구해온 회사였다. 그 시대에는 미션을 방패로 일보다도 노사 간의 투쟁에 열중하고 사보타주sabotage(고의적인 사유재산 파괴나 태업을 통한 노동자의 쟁의 행위—옮긴이)를 반복했다. 게다가 서비스는 미션에 포함되지 않는다고 생각한 탓에 열악하기 짝이 없는 서비스를 제공했다.

분할 민영화 이후 JR큐슈가 된 뒤에도 철도 운영이라는 미션은 간신히 유지할 수 있었다. 하지만 '국철병'에서 벗어나지 못하고 멍하니 있다가 가장 중요한 미션마저도 놓칠 수 있는 상황에 처했다. 회사가 할 일은 사업을 다각화하고 매출과 이익을 끌어올려 기업으로서 당당하게 자립하는 것, 그것을 바탕으로 완전 민영화와 주식 상장에 성공하는 것이었다.

위기가 닥쳐오면 국가만 바라보고 있을 수는 없다. 자립할 힘이 있어야 무너지지 않는다. 우리에겐 이미 신칸센도 야마노테선도 없이 혼슈를 제외한 '삼도 JR'의 하나로 전락한 뼈아픈 경험이 있다. 그러니 스스로 일어설 방법을 찾아야 했다.

《신 삼국지》를 봤을 즈음, 나는 적자난에 빠진 외식사업을 맡고 있었다. 나의 미션은 맛을 인정받는 가게를 만드는 것이었고, 비전은 흑자 전환이었다. 하지만 비전이라는 말이 마음에 와 닿지 않아 더 좋은 말이 없을까를 매일 고심했다. 그 무렵 《신 삼국지》에서 제갈공명이 말한 명대사를 듣고 '꿈'이라는 단어에 매료되었다.

비전과 꿈이라는 말 중 어느 쪽이 마음에 와 닿는가? 어느 쪽이 더 가슴을 설레게 하는가? "꿈꾸는 힘이 우리 모두의 사기를 드높였다." 역시 전문가가 고른 말의 힘은 대단했다. 지금 생각해보면, 사기는 '기'로 바꿔 쓸 수도 있다. 감탄하지 않을 수 없다.

경영을 야구 배팅에 비유하자면, 사업을 하면서 정면으로 들어오는 스트라이크 볼을 만나기는 쉽지 않다. 대개는 스트라이크 존을 벗어난 볼이다. 게다가 신규 사업을 개척할 때는 파울 볼 같은 무의미한 공이 대부분이다. 국철회사를 건실한 회사로 만드는 일은 완전히 새로운 사업을 성공으로 이끄는 것과 같다.

한때 국가에서 운영했던 회사를 번듯한 민간 기업으로 자립시켜 도쿄증권거래소 1부 상장기업으로 만드는 것은 스트라이크 존을 벗어난 공을 쳐서 홈런을 만들어내는 것과 같은 일이었다. 현재의 JR큐슈도 마찬가지다. 계속 안타를 치는 와중에 홈런도 쳐야 한다.

간절하게 홈런을 바라는 경영자들에게 "회사의 비전을 '꿈'이라는 말로 바꿔보라."고 말해주고 싶다. 목표에 대한 감각이 훨씬 더 피부에 와 닿을 것이다. '경영의 신神'이라 불리는 마쓰시타 고노스케 회장과 이나모리 가즈오 회장 역시 비전이라는 말보다는 '꿈'이라는 말을 즐겨 썼다.

성장과 발전은
경계 너머에 있다

'새로운 것을 존중하라.'

내가 꽤 오랜 시간 동안 의식적으로 되뇌고 있는 신조 중 하나다. 2012년에 발표한 JR큐슈의 중기 경영계획 '만들자 2016' 중 '성장과 진화'의 개념을 설명하면서 이런 문구를 넣었다.

"JR큐슈 그룹은 열정과 용기를 갖고, 사업 규모를 넓혀가는 '성장' 및 조직과 사업의 변혁을 이루며 '진화'를 수행해나간다."

"새로운 것을 존중하고 도전을 장려하는 풍토를 조성해 JR

큐슈 그룹과 직원 모두가 함께 성장과 진화를 지속한다."

"JR큐슈 그룹은 성장과 진화를 통해 새로운 고객을 유치한
다."

낯선 것을 환영하고
도전을 즐겨라

조직은 매너리즘에 빠지기 쉽기 때문에 새로운 것을 존중하는 태
도는 매우 의미 있다. 매너리즘에 빠지면 직원들은 도전하려 하
지 않는다. 조건을 전달하고 받아들이기만 하는 과정 속에서 담
당자들은 굳이 새로운 도전의 필요성을 느끼지 못하기 때문이다.

물론 그런 조직은 바람직하지 않다. 당시 우리 회사는 타성에
젖어 있으면 문 닫을 것이 뻔했기 때문에, 매너리즘에 빠져 있을
여유가 없었다. 그래서 새로운 시도를 하고 과감하게 도전하는
사람을 칭찬하기 시작했다.

기존에는 시도해보지 않았던 도전과 혁신적인 생각들을 높이
평가했다. 그 어떤 것이라도 수용하는 태도를 취하자 특별한 대
책을 내놓지 않아도 도전하는 사람들이 늘어났다. 신규 사업에
도전하는 직원이 늘고, 무슨 일이든 스스로 앞장섰다.

새롭고 낯선 것에 열린 태도를 취한다는 것은 다양성을 존중한
다는 의미와도 통한다. 돌이켜보면 우리 회사는 철도 외의 다른

사업을 개척하면서 외부 의견을 듣기도 하고 때로는 적극적으로 조언을 구했다. 그러한 성공 경험을 통해 이익을 얻어온 우리 회사는 누구보다 다양성의 효용을 몸소 체감해왔다.

나나쓰보시는 혁신과 도전을 존중하는 문화의 집대성이라고도 할 수 있다. 일본에서는 전례가 없는 규모의 호화 열차 콘셉트와 기존 열차에서는 보기 힘들었던 전통미가 나나쓰보시에 그대로 녹아 있다. 뿐만 아니라 직원들에게서도 다양성을 엿볼 수 있다.

운행을 시작할 당시 나나쓰보시의 승무원은 25명이었다. 그중 절반은 서비스직에 종사한 경험이 풍부한 내부 사원이었고, 나머지는 사외 공고를 통해 30 대 1이 넘는 경쟁률을 뚫고 뽑힌 인재들이었다. 경험이 풍부한 국제선 항공 승무원, 세계 곳곳에서 일한 경력을 가진 호텔 매니저, 유명 소믈리에 등 다양한 분야의 전문가들이 모였다.

남성 중심의 철도회사에 여성 리더가 등장하다

다양성을 추구하려는 노력을 꾸준히 하다 보니 유능한 여성 직원도 점점 몰려들었다. 원래 철도회사였던 탓에 사실 우리 회사는 남성 직원을 중심으로 운영되고 있었다.

24시간 체제로 운영되는 철도사업체에서 근무하려면 시간에

구애받지 않고 언제든 일할 수 있는 체력이 뒷받침돼야 한다. 밤낮이 바뀌기도 하고 심야 근무도 잦다. 1980년대 말에 '24시간, 싸울 수 있습니까?'라는 텔레비전 광고 문구가 유행한 적이 있는데, 철도회사 직원들에게는 당연한 일이었다.

전 직원이 일단 역무원으로 근무한다. 그 경험을 통해 안전 운행을 목표로, 열차 운행시 일어날 수 있는 돌발 상황이나 다양한 문제에 대처해보는 기회를 갖는다. 나 역시 첫 근무지는 화물역인 JR스미다가와역이었고, 그다음에는 야마노테선의 관제실에서 일했다. 당시 나도 언제 어디서든 일할 수 있는 체력과 무슨 일에든 대처할 수 있다는 강한 마음가짐을 갖고 있었다.

원래 철도회사는 여성 특유의 섬세한 성격을 필요로 하는 부분이 많지만, 체력적인 면 때문에 남성 위주로 운영되기 쉽다. 분할 민영화 직후의 JR큐슈 역시 마찬가지였다.

그런데 2016년 도쿄증권거래소 1부 상장을 이뤄냈을 때, 매출액의 60퍼센트 이상이 철도 외의 사업에서 나오는 기업으로 변신하는 중이었다. 그 과정에서 여성 직원들의 활약이 두드러지기 시작했다. 당연히 여성 리더가 필요했다. 2012년 외식사업 쪽에서 여성 사장이 탄생했다. 당시 취임한 직원은 내가 본사에서 경영부장을 맡고 있을 때 함께 일한 부하직원 중 한 명이었다. 일도 잘하고 성격도 활발했으며, 상사에게도 망설임 없이 할 말을 하는 직원이었다. 회식 자리에서도 분위기 메이커로 통했다.

남녀를 불문하고 후배들에게도 상당히 인기 있어 그녀를 따르는 사람들이 꽤 많았다. 그녀가 있는 자리에는 언제나 활기가 넘쳤고, 일도 순조롭게 착착 진행됐다. 그 후 그녀는 본사의 인사과장으로 일하다가 인사과가 부로 격상되면서 우리 회사에서 첫 인사부장직을 맡았다. 그리고 2017년에는 영업부장으로 취임했다.

활기차고 당차게 일하던 모습은 지금도 변함이 없다. 내게도 자신의 의견을 분명하게 말하고 회의에서나 회식 자리에서나 당당하게 논쟁을 즐긴다. 그녀의 쾌활하고 시원시원한 성격은 또래의 남성 직원들에게 좋은 자극제가 되는 동시에 여성 직원들에게는 롤 모델이 되고 있다.

무엇보다 조직 입장에서 보면, 우리처럼 국철로 출발한 회사에서도 여성이 큰 활약을 할 수 있다는 점을 사회적으로 보여줄 수 있어서 남다른 의미가 있다. 그녀와 같은 직원이 계속해서 등장한다면, 우리 회사는 또다시 새로운 성장과 진화를 보여줄 수 있으리라 확신한다.

30년 이상 지속성장하는 기업의 힘

'기업의 30년 설'이라는 법칙이 있다. 사람이나 동물과 마찬가지로 기업에도 수명이 있다는 의미로, 한 기업이 번영을 누릴 수 있는 기간은 기껏해야 30년 남짓이라는 법칙이다.

잠시 프로 야구의 역사를 살펴보자. 프로 야구 구단의 모기업들을 과거부터 살펴보면 기업의 30년 설에 어느 정도 수긍이 간다.

프로 야구로 보는 기업의 흥망성쇠

센트럴 리그와 퍼시픽 리그의 페넌트 레이스pennant race 가 시작된 것은 1950년, 지금으로부터 약 70년 전이다. 당시에는 영화회사가 위세를 떨쳤다. 한창 영화산업이 꽃을 피우던 시대였기 때문이다. 한편 니시테쓰, 한큐, 긴테쓰, 난카이 같은 민영 철도회사가 구단 경영의 주류를 이루던 시기도 있었다. 국철도 스왈로즈 팀의 모기업으로 이름을 떨쳤다.

1960년대에는 영화산업이 침체되면서 구단명 리스트에서 영화회사의 이름을 찾기 어렵게 되었다. 토에이 플라이어즈만이 1972년까지 남아 있었다. 1970년대에는 니시테쓰 라이온즈가 다이헤이요 클럽 라이온즈로, 토에이 플라이어즈가 닛타쿠홈 플라이어즈로 바뀌었다.

1980년대에는 한큐에서 오릭스로, 난카이에서 다이에로, 2개 구단의 경영권이 옮겨갔다. 민영 철도를 대신하여 금융과 유통을 대표하는 회사가 프로 야구의 무대에 등장했던 것이다. 2000년대에 들어서면부터는 소프크뱅크, 라쿠텐, DeNA 등의 IT기업이 주역으로 떠오른다.

영화와 국철회사에서 부동산회사와 IT회사로, 주류 산업의 추세에 따라 구단 경영의 주체도 바뀌었다. 물론 지금은 영화산업도 부활했으며, 유명 민영 철도회사도 사업 분야를 확대해 건실한 기업으로 운영되고 있다.

이처럼 프로 야구 구단명의 연대별 리스트에는 그 시대에 번성했던 기업명이 올라가 있다. 전체 산업의 역사를 봐도 1950년대에는 섬유산업이 융성했고, 1960년대에는 철강과 조선 같은 중공업이 크게 성장했다. 1970년대가 되면 가전과 유통산업이, 1980년대에는 자동차산업이 주목받았다. 그리고 현재는 IT산업이 주역 자리를 꿰차고 있다.

안주하려는 본능을 거스를 때 찾아오는 진화

이런 흐름을 보면 분명 기업의 30년설이 왜 나왔는지 이해되기도 한다. 물론 그런 법칙에 전혀 상관없이 30년 이상 성장가도를 달리는 기업도 많다. 반대로 30년이 채 되기도 전에 수명을 다한 기업도 적지 않다. 그런 기업들에는 어떤 차이가 있을까? 정답은 단 하나다. 기업의 성패를 가르는 핵심적 차이점은 '변화에 대한 대응 능력'이 있느냐 없느냐. 하나의 차이점이 극과 극의 결과를 만든다.

예를 들어, 한 회사가 특정 사업을 시작해 순조롭게 정상 궤도에 올랐다고 생각해보자. 그 기업은 하나의 성공 경험을 얻게 된다. 시간이 지나면서 경제 상황은 급변하고, 하루가 다르게 기술 혁신이 이루어진다. 과거의 성공 경험에 취해 조직을 혁신하지 않고 현실에 안주한다면, 기업이라는 생명체는 노화하게 된다. 노쇠

한 기업의 미래에는 죽음이 기다리고 있을 뿐이다.

비즈니스 세계에서는 '성장과 진화'라는 말을 자주 쓴다. 성장이란 생명체가 자라서 점점 커지는 것이다. 기업으로 말하면, 기존 사업을 더 효율적으로 운영하고 규모를 확대하는 것을 의미한다.

생명체의 진화는 유전자 변화를 일으켜 환경 변화에 적합한 생명체로 바뀌어가는 것을 뜻한다. 이는 생명체가 살아남기 위해 꼭 필요한 과정으로, 진화하지 않는 생물은 소멸한다. 기업이라면 회사 상태나 조직을 개혁해 새로운 사업 분야에 도전하는 것을 가리킨다.

기업에는 본능이 있다. 기업이 노쇠해지기 시작했는데도 기존의 방식을 답습하고 기존 사업을 그대로 지속하려는 본능 말이다. 이는 기업을 안일하게 만들고 이런 본능에 따라 운영하는 기업은 결국 변화에 적응하지 못한 채 점점 밀려날 수밖에 없다.

진화는 이와 다르다. 기업의 본능에 진화라는 인자는 없기 때문에 늘 두려움을 먼저 느낀다. 그런 이유로 기업이 진화하기 위해서는 강한 의지가 필요하다. 본능을 거스르고 시대의 변화를 읽어내며, 용기를 갖고 새로운 일에 도전하려는 강한 의지 말이다. 변화를 두려워하지 않고, 의지와 용기를 갖고 진화에 도전하는 기업, 체질 개선과 개혁에 힘쓰는 기업은 노쇠하지 않는다.

진심을 넘어서는
테크닉은 없다

기업 경영에서 가장 중요한 것이 무엇이냐는 질문을 받으면, 나는 망설이지 않고 '성실'이라고 답한다. 2009년 6월, JR큐슈 사장 직에 취임할 때 열린 기자회견 연설에서도 나는 가장 먼저 '성실'을 언급했다. 그 후로 신년사를 할 때나 매월 사보에 실리는 사장 메시지를 쓸 때도 지나치다 싶을 만큼 성실을 강조해왔다.

경영학자 피터 드러커 역시 '성실'을 경영의 중요한 덕목으로 꼽는다. 그는 자신의 책《경영의 실재》에서 이렇게 말했다.

"경영 관리자에게는 배움으로는 얻을 수 없는 자질, 즉 습득

할 수 있는 것이 아니라 원래부터 지니고 있어야 하는 자질이 있다. 그것은 재능이 아니라 진실한 태도다."

불성실은 기업을 위태롭게 만든다

성실을 사전적으로 해석하면 여러 의미가 있지만 내 나름대로의 해석을 더하면 성실에는 크게 2가지 의미가 있다.

하나는 '거짓과 허위로 남을 속이지 않고, 타인을 배려하는 행동과 사고방식'이다. 다른 하나는 '꾸준히 하는 태도'다. 스스로 머리를 써서 몸을 움직이며 지혜를 짜고 땀 흘리면서 실행하는 것이다. 다시 말해 노력을 아끼지 않는 자세다.

성실은 진심과 노력, 이 2가지로 만들어지는 것이라고 나는 생각한다. 먼저 진심부터 살펴보자. 진심이 담긴 말과 행동은 고객과 거래처, 지역 주민들, 그리고 사회에서 신용과 신뢰를 얻을 수 있다. 요즘 성실, 즉 진심이 없는 조직과 기업이 난처한 상황에 처하는 사례가 끊이지 않고 있다.

해외에서는 폭스바겐이 배기가스 규제와 관련해 부정을 저질러 크게 보도된 적이 있다. 일본에서도 전자기기 제조회사 도시바의 부정회계가 발각되어 역대 세 명의 사장에게 책임을 물었다. 회사 자체도 고객의 신뢰를 잃는 치명상을 입었다. 또 콘크리트

말뚝 데이터를 유용하고 개찬改竄한 아사히카세이 건재의 부정이 큰 문제가 되어 모기업의 사장이 사임했다. 이 외에도 이름 있는 적잖은 수의 기업들이 소비자들의 신뢰를 잃는 사건이 종종 발생한다.

하지만 그런 사건이 발생했다는 것만으로 경영 파탄에까지 이른 사례는 별로 없다. 경영 파탄 혹은 그와 유사한 상황에까지 내몰린 기업은 공통적으로 사건 발생 후 대처법에 문제가 있었다.

사건 사고는 안 일어나는 것이 가장 좋지만, 사람이 하는 일이기에 의도하지 않아도 발생할 수 있다. 그럴 때 상사나 본사, 이해관계자, 세상에 정직하고 민첩하게 보고 및 발표를 하는 것이 그 당사자나 기업을 위기 상황에서 구하는 유일한 방법이다.

사건 사고가 발생하면 당사자 본인에게 상응하는 처분이 내려지게 마련이며, 실적을 악화시키고 기업 이미지를 손상시킨다. 하지만 그런 일은 일시적이며 제한적이다. 반면 사건과 사고의 허위 보고나 은폐 공작은 기업의 신용을 회복 불가능한 상태로 실추시켜 기업의 존속을 위태롭게 만든다.

경영 파탄을 부르는 것은 사건과 사고가 아니라 그 후 대처하는 과정에서 이루어지는 거짓과 위선, 속임수다. 진심을 저버리는 태도, 성실하지 못한 태도는 기업의 최대 재산인 신용을 바닥까지 떨어뜨린다.

적을 내 편으로
만드는 법

토요타도 큰 위기가 있었다. 2009년부터 그다음 해에 이르기까지 미국에서 토요타 자동차의 대규모 리콜 사태가 일어났다. 알려진 대로 토요타 사장은 미 하원의 요구로 열린 공청회에 출두해 직접 설명하고, '더 투명하고 고객의 안전을 최우선 과제로 삼는 회사로 다시 태어나도록 전력을 다하겠다'라는 뜻을 밝혔다. 이 공청회를 계기로 사태는 서서히 안정되었다.

토요타 사장은 그때의 일에 대해 이렇게 말했다. 어느 공화당 의원이 그에게 한 가지 조언을 해줬다는 것이다. "공청회에 나가서 정정당당하게 당신의 정직하고 올바른 모습을 보여주면 됩니다."

공청회를 열었을 시점에는 아직 진상이 명확하게 밝혀지지 않았지만, 그것과 상관없이 토요타는 미국에서 크나큰 오점을 남길 위기에 처해 있었다. 이런 위기 상황에서 사건이 잘 마무리된 이유는 무엇일까? 토요타 사장은 당시를 떠올리며 이렇게 말했다. "미국 법인에게만 맡기지 않은 덕분이에요. 본국에서 사장이 직접 출두했기 때문에 진정성을 인정받아 위기를 극복할 수 있었지요."

토요타 사장의 이 말은 피터 드러커가 강조한 경영자가 지녀야 할 자질 중 하나인 '진실한 태도'의 중요성을 다시 한번 되새기게 한다.

제3장

보이지 않는 곳까지
디자인하는 기술

일이 즐거워지려면 생각과 행동을 다시 설계하라

목표를 공유하면
수치 확인이 즐거워진다

외식업계에서 파트타이머나 아르바이트생은 아주 중요한 인력이다. 일하는 시간과 작업 종류는 한정되어 있지만, 자신이 일하는 분야나 일에 대한 책임감은 상당히 강하다. 베테랑이 되면 서툰 정규사원보다 훨씬 더 일을 잘한다.

구체적인 목표치
공유의 중요성

어느 역엔가 다이야키(밀가루 반죽 안에 팥을 넣어 구운 도미 모양의 빵으로, 우리나라의 붕어빵과 비슷하다—옮긴이) 가게가 있었다. 거기에는 본사 직원인 점장과 파트타이머로 일하는 점원이 네 명 정도 있었다. 점장은 다소 둔해 보이지만, 관리자로서의 능력은 뛰어났다.

아침 조회 때마다 그는 반드시 하루의 매출 목표를 시간 단위로 알려줬다. "오늘은 평일이니, 15만 엔(약 170만 원)이 목표입니다. 저녁 5시까지 절반인 7만 5,000엔(약 85만 원)어치는 팔아야합니다." 평소엔 무심한 듯 무표정하게 있었지만, 매출 목표만은 분명하게 제시했다. 그러면 저녁 5시가 되기 전에 목표치를 달성하기 위해 점원들은 온갖 지혜를 짜내서 노력했다.

열차가 도착하는 때에 맞춰 따끈따끈한 다이야키를 준비하고, 가게 밖에서 사람들을 불러 모았다. 역을 지나다니는 사람들에게 하나라도 더 팔기 위해 애썼다. 그들은 자신에게 할당된 양을 책임지기 위해 제한된 시간 동안 최선을 다했다.

그들의 집중력과 노력을 이끌어낸 것은 무엇일까? 바로 수치로 나타낸 구체적인 목표다. 세분화된 목표를 공유하면, 사람은 움직이게 마련이다.

직원들을 움직이는 힘, 매출 목표의 세분화

지금은 외식사업부가 우리 회사의 우등생으로 성장했지만, 적자를 극복하기 위해 분투하던 시절도 있었다. 적자를 면하기 위해 수치를 세분화하여 목표를 세우는 '오치아이 방식'을 활용했고, 그 덕분에 종종 비용 삭감과 이익 확보에 성공했다.

내가 JR큐슈 외식사업을 시작할 당시 시점으로, 매출은 25억 엔(약 284억 원)이었고 적자가 8억 엔(약 91억 원)이었다. 그리고 2년 뒤 매출은 여전히 20억 엔(약 227억 원)을 넘었지만, 적자 역시 약 2억 엔(약 22억 원)을 기록하고 있었다. 적자 삭감만으로는 만족할 수 없었다. 흑자 전환에 성공하는 것이 나의 목표이자 꿈이었다.

당시 가게 수는 50개 정도로, 점장 회의는 매월 열리고 있었다. 2억 엔의 적자를 한꺼번에 없애자고 말한다 한들 그들의 마음을 움직일 수 있을까. 남의 일처럼 막연하게 들릴 것이 분명했다. 그래서 '오치아이 방식'으로 수치를 세분화했다.

"우리 외식사업부는 작년에 2억 엔의 적자를 냈습니다. 매출과 비교해보면 적자가 너무 크다고 할 수 있지요. 그래도 작년에는 5억 엔(약 57억 원), 재작년에는 8억 엔이었던 점을 생각하면 꽤 나아진 상황입니다. 점장 여러분들이 애써주신 덕분입니다. 올해는 무슨 일이 있어도 꼭 흑자로 만듭시다."

그리고 2억 엔의 의미에 대해 설명했다. 개인적으로 이 부분이 매우 중요하다고 생각했다.

"2억 엔은 여러분 한 명 한 명 가게 매출로 생각하면 터무니없이 큰 액수죠. 하지만 이렇게 생각해봅시다. 2억 엔을 50개의 가게로 나누면, 한 가게당 400만 엔(약 4,550만 원)이 됩니다. 그것을 365일로 나누면 하루에 약 1만 엔(약 11만 3,000원)이 조금 넘습니다."

50명의 점장들이 고개를 끄덕이는 모습에 분위기가 달라지는 느낌이 들었다. 목표를 명확하게 인식하기 시작한 것이다. 조금씩 내 말에 동의하는 기운이 감돌았다.

"하루에 1만 엔의 적자는 조금만 더 노력하면 해결할 수도 있지 않겠습니까. 또 영업시간이 10시간이라고 하면, 매출을 늘리고 비용을 삭감하여 1시간당 1,000엔(약 1만 1,300원)의 이익을 내면 됩니다."

잠시 뒤 그들은 내 말에 공감하며 표정이 밝아졌다. 그해 1995년도 결산에서 우리 외식사업부는 드디어 흑자 전환에 성공했다. 매출은 27억 엔(약 307억 원), 흑자는 1,000만 엔(약 1억 1,375만 원)이었다. 삼관왕에 미치지는 못하지만 신참이나 다름없는 사업체가 거둔 성과에 직원 모두 자신감을 얻었다.

그 외식사업부를 전신으로 1996년 4월에 탄생한 JR큐슈 푸드 서비스는 2017년도 결산에서 사상 최고의 이익을 냈다. 그 흑자액이 딱 2억 엔 정도 됐을지 아닐지는 여러분의 상상에 맡기려 한다.

청소가 회사의
운명을 바꾼다

사장의 새해는 신입사원에게 훈시를 하는 것으로 시작된다. 이야기의 주제는 그때그때 이슈가 되는 시사 문제도 있지만, 매번 젊은 사원들에게 꼭 강조하는 것이 있다. 바로 '청소'다. 다른 기업의 간부에게서 최근 젊은 사원들 중 상당수가 청소에 서툴다는 말을 들었다. 우리 회사의 역장들도 같은 말을 한 적이 있다.

"신입사원에게 실내 청소를 하라고 지시하면, 어떻게 해야 하는지조차 모르는 경우가 많습니다. 그래서 청소의 기초부터 가르쳐야 하지요. 어떻게든 청소를 합니다만, 청소도구 정리하는 법을 모른다는 문제가 찾아옵니다."

물론 이것이 내가 청소를 강조하는 이유의 전부는 아니다. 비즈니스 분야에서 일하는 사람에게 청소가 얼마나 중요한지 깨닫기를 바라는 마음에서다.

청소를 하면
좋은 운이 들어온다

니노미야 다카노리. '니노미야 손도쿠'라는 이름이 더 친숙한 그는 에도 후기에 농정가이자 농촌 개혁가로 활약한 인물이다. 또 전국의 초등학교에 설치된 동상으로도 유명하다. 나무를 등에 지고 공부하는 동상의 모습은 니노미야 다카노리라는 인물의 특성을 잘 보여준다.

많은 번(제후들의 영지)과 무사 집안의 재정 개혁을 주도하고, 각지의 농촌 구제와 부흥에 힘쓰는, 요즘으로 치면 유명한 경영컨설턴트와 같은 존재였다. 내가 직원들에게 자주 들려주는 니노미야 손도쿠의 에피소드가 하나 있다.

어느 날, 가난한 농부가 니노미야를 찾아왔다.

"선생님, 저는 매일 아침 일찍부터 해가 질 때까지 일하는데도 집안 형편은 조금도 나아지지 않습니다. 어떻게 해야 형편이 좀 나아질까요?"

니노미야는 바로 그의 집을 방문했다. 집 안에 들어서니 토방과 방에 놓인 여러 가지 물건들로 어수선해 보였다. 헛간을 둘러보니 낫, 괭이 등이 어지럽게 흩어져 있었고, 농기구는 흙이 잔뜩 묻은 채로 아무렇게나 방치되어 있었다. 니노미야는 금세 문제점을 알아챘다.

"아침에 일어나 일하러 가기까지 무엇을 하십니까?"

"일어나면 바로 아침을 먹고, 헛간에 가서 농기구를 챙겨 밭으로 가지요."

"필요한 물건은 바로 찾는 편입니까?"

"낫이나 괭이처럼 그날 작업에 필요한 기구를 헛간에서 찾아 챙기는 데 한 시간 정도 걸립니다."

"기구를 못 찾을 때는 없습니까?"

"못 찾을 때도 가끔 있습니다. 그래서 잃어버린 줄 알고 새것을 다시 사기도 하지요."

니노미야는 그에게 개선책을 알려줬다.

"오늘부터 집 안, 헛간, 마당 등 구석구석을 깨끗하게 정리하고 청소하십시오. 그리고 매일 청소를 철저하게 하세요. 불필요한 물건을 버려 '정리'하고, 필요한 물건을 언제든지 찾을 수 있도록 질서 있게 '정돈'하세요. 어지럽고 더러운 것을 깨끗하게 '청소'하는 겁니다." 노미야는 이 3가지를 전혀 실천하지 못하는 것이 가장 큰 문제라고 지적했다.

'평판이 자자하기에 찾아갔는데 해결책이 고작 청소라니…' 농부는 니노미야를 찾아간 일을 후회했지만, 어쨌든 바로 그날부터 집 안을 대청소하기 시작했다. 필요 없는 물건을 버리니 좁아 보였던 헛간이 훨씬 넓어졌다. 헛간에 쌓여 있던 흙더미 속에서는 잃어버렸다고 생각한 농기구들이 나왔다. 농기구도 하나씩 깨끗하게 손질해놓으니, 의외로 쓸 만한 것들이 많았다. 대청소를 한 뒤부터는 농기구를 찾는 데 5분밖에 걸리지 않았다. 놀랍게도 머잖아 집안 형편도 조금씩 나아졌다고 한다.

정리, 정돈, 청소의 10가지 효용

'정리, 정돈, 청소'를 중요시하는 사람은 니노미야 다카노리뿐만이 아니다. 파나소닉의 창업자이자 '경영의 신'으로 불리는 마쓰시타 고노스케 회장 역시 정치지도자 양성학교인 마쓰시타정경숙을 설립한 후 처음 한 강의에서 청소를 강조했다.

서양의 경영 컨설턴트들도 컨설팅을 의뢰받아 방문한 회사를 점검해본 뒤 반드시 하는 말이 "정리, 정돈, 청소를 철저히 하라."는 것이다. 경영이 부진한 기업을 서서히 흡수 합병하고 재건하여 '사장들이 뽑은 최고의 사장'으로 선정된 적도 있는 니혼덴산日本電産의 나카모리 시게노부 사장도 이렇게 말했다.

"도산 위기에 처한 회사의 재건을 위해 그 회사의 사무실이나 공장에 가면, 깨끗하게 정돈된 곳이 한 군데도 없었다." 나카모리 사장은 이런 기업에게 먼저 회사를 깨끗하게 청소하도록 지시했다.

나 자신이 체감하고 있는 정리, 정돈, 청소의 10가지 효용은 아래와 같다.

- 직장이 깨끗해진 모습을 보면 기분이 상쾌해진다.
- 직장의 안전과 위생 상태가 좋아진다.
- 기계와 설비의 수명이 늘어난다.
- 물건을 소중하게 아끼는 마음이 생긴다.
- 필요한 물건을 빨리 찾을 수 있다.
- 직원 모두가 함께 청소하면, 인간관계가 좋아진다.
- 회사에 대한 고객들의 이미지가 좋아져 영업 증진에 도움이 된다.
- 여유로움의 중요성을 배울 수 있다.
- 새롭게 깨닫게 되는 것이 많다.
- 지금 해야 할 일이 무엇인지 알 수 있다.

개인적으로는 열 번째 효과인 '지금 해야 할 일이 무엇인지 알수 있다'가 가장 중요하다고 생각한다. 자기 주변을 정리, 정돈,

청소하면 머리가 맑아진다. 그러고 나면 지금 가장 우선시해야 할 일이 무엇인지가 보인다.

마지막으로 청소를 이야기할 때 이 사람을 빼놓을 수 없다. 자동차용품회사 '옐로햇'의 창업자이자 청소의 전도사라고 불리는 가기야마 히데사부로 사장이다. 가기야마 사장의 책《가기야마 히데사부로 '하루 한 마디'》鍵山秀三郎「一日一話」에 다음과 같은 내용이 나온다.

"청소를 시작한다고 해서 바로 효과가 나타나는 것은 아닙니다. 다만 청소해서 주변 환경을 깨끗하게 만들면, 직장의 분위기가 안정됩니다. 분위기가 안정되면, 마음이 차분해지고 화도 억누를 수 있는 효과가 있습니다. 특히 역경이 닥칠 때는 자기 주변을 깨끗하게 정리하면, 역경에서 구제받는 기분이 듭니다. 청소의 중요한 효과입니다."

비용을 줄일수록
이익이 늘어나는 원리

기업의 영원한 숙제는 '비용 삭감'이다. JR큐슈 역시 회사 설립 이래, 줄곧 비용 삭감을 위해 다양한 노력을 기울이고 있다. 기계화와 자동화를 위해 설비에 투자하고, 작업 시간과 노력을 덜기 위해 애써왔다.

1부에 상장된 대형 기업들과 비교해보면 아직 갈 길이 멀다고 생각하지만, 비용 삭감을 위한 시책을 꽤 열심히 시행해왔다. 회사 경영 전략의 일환으로 노력해온 비용 삭감에 대해서는 앞으로도 여러 방면으로 지혜를 짜내고 연구해나갈 예정이다.

비용 삭감에는 종착지도 성역도 없다. 여러 업무를 맡아 진행하면서 얻은 다양한 아이디어를 적용한 비용 삭감 정책을 회사 차원에서 시행할 방법이 없을까에 대해 고민했다.

비용 삭감의 비결은
현장에 있다

외식사업을 맡고 있던 시절에 이런 일이 있었다. 어느 점장이 조금이라도 경비를 줄일 방법을 생각하다가, 개점 전 손님이 없는 가게에서 요리 준비나 청소하는 시간에는 에어컨을 꺼두도록 지시했다. 점장을 비롯한 종업원들은 유니폼과 작업 효율에 대해 생각하면서 개점을 준비했다. 결과적으로 전기세를 꽤 많이 절약할 수 있었다.

이렇듯 현장에는 비용 삭감의 지혜가 곳곳에 숨어 있다. 숨어 있는 지혜를 밖으로 끌어내도록 노력해야 한다. 물론 1,000만 엔(약 1억 1,375만 원)을 넘는 고비용을 줄일 방법은 현장에서 쉽게 찾아지지 않는다. '이제부터 경비 10억 엔(약 113억 원)을 줄이자'고 외친들 사원들은 너무 큰 액수에 어찌할 바를 몰라 우왕좌왕하기만 할 것이다.

그렇다면 어떻게 해야 할까? 1억 엔(약 11억 원)의 비용을 줄이기 위해서는 100만 엔의 비용 삭감 대책을 100개 실시하면 된다. 10만 엔이라면 1,000가지 방법을 찾으면 된다.

어떤 직장에든 100만 엔 혹은 10만 엔 정도의 비용 절감 아이디어는 어딘가 숨어 있게 마련이다. 외식사업부의 그 점장처럼 고민하면 공조비나 전기세를 한 달에 수만 엔은 줄일 수 있다.

그리고 비용 삭감 운동의 네이밍도 중요하다. 100만 엔의 비용을 줄일 대책을 찾아보자. 10만 엔의 비용을 아껴보자는 마음을 담아 '찾아라, 100만 엔. 찾아내라, 10만 엔 프로젝트'라고 이름 지었다.

당시 나는 전 직원, 전 부서가 이 운동에 동참하기를 독려했다. 그때 당시 사장인 내가 이 프로젝트의 취지를 설명했다.

"지금까지 시행해온 비용 삭감은 절약 정신에 의존하는 면이 컸습니다. 예를 들어 복사 용지의 사용량을 3퍼센트 줄이자, 혹은 불필요한 전등을 소등해 전기세를 5퍼센트 아끼자는 식이었지요."

나의 설명을 듣고 있는 사원들은 멍한 표정이었다. 뭔가 다른 방법이 있는지 궁금해하는 것이 당연했다.

"이번 프로젝트는 다릅니다. 지혜를 짜내며 이리저리 연구하고, 때로는 발상을 전환해야 할지도 모릅니다. 각자 일하는 방식을 기본부터 재검토하여 경비 지출을 없애자는 생각으로 동참해주면 고맙겠습니다."

사원들의 얼굴에 놀란 기색이 번져나갔다.

"아끼는 것이 아니라 없애는 것입니다. 경우에 따라서는 일하는 방식을 바꾸거나 작업 자체를 없애야 하는 일도 생길지 모릅니다. 아예 없앨 수는 없어도 20퍼센트 혹은 절반 정도 줄이는 것을 목표로 합니다."

그렇게 힘 있게 말한 뒤 프로젝트의 개념에 대한 설명을 덧붙였다.

"금액을 100만 엔(약 1,137만 원), 10만 엔(약 113만 원) 단위로 설정하여 그것을 가상화폐라고 생각해봅시다."

직원들이 웅성거리는 소리가 들렸다.

"100만 엔을 '1사가세', 10만 엔을 '1미쓰케로'라는 가상화폐 단위라고 생각하세요."

100만 엔의 비용 삭감 대책을 찾으면 그 부서나 직장은 1사가세를 획득하고, 10만 엔 삭감 방법을 찾아내면 1미쓰케로를 얻게 된다. 10미쓰케로는 1사가세와 같다. 예를 들어 320만 엔(약 3,640만 원)을 삭감하면, 3사가세와 2미쓰케로를 획득하는 셈이다. 가상화폐 개념을 이런 식으로 꽤 일찍부터 도입했다.

비용 삭감 프로젝트를 성공으로 이끈 10가지 비법

비용 삭감 프로젝트는 직원들의 진심어린 이해와 적극적인 실행력이 뒷받침되어야 성공할 수 있다. 그리고 지속적으로 시행하기 위해서는 구체적인 방법이 매뉴얼로 공유되어야 한다. 비용 삭감 프로젝트를 성공으로 이끈 10가지 비법을 정리해보면 아래와 같다.

- 정리정돈
- 비용 대 효과의 검증
- 전례 답습의 타파
- 작은 실천, 작은 노력
- 시간 단축, 속도 향상
- (수량, 작업 등의) 통합 및 정리
- 표준화, 평준화, 공통화
- 새롭고 효과적인 기술 및 제도의 도입
- 자동화, 기계화, 제도화
- 목적과 수단, 방법의 최적화

이렇게 2013년에 시작한 프로젝트는 금세 전 직원의 동참을 끌어냈다. 어느 곳이든 기존의 비용 절감 운동보다 더 즐겁게, 그리고 더 적극적으로 임했다. 그 효과는 금세 나타났다. 첫해에는 가상화폐 단위로 총 600사가세 넘게 삭감했다. 즉 6억 엔(약 68억 원)의 비용을 줄일 수 있었다. 현재도 이 프로젝트를 통해 매년 대략 600사가세를 착실하게 줄여나가고 있다.

괴로움을 즐거움으로 전환하는
특급 처방전

조직에서 일하는 직장인이라면 누구나 나름의 괴로움이 있다. 업무상 맞닥뜨려야 하는 고충뿐 아니라 성과 창출의 압박, 사내 인간관계나 그 외 다양한 측면에서 날마다 어려움을 겪는다. 그런 괴로움을 원천적으로 막을 수는 없지만, 스트레스를 줄일 수 있는 해소법이나 대처법을 알고 있으면 큰 도움이 된다.

나 역시 직장생활을 하며 업무와 관계에서 오는 다양한 고충을 겪었다. 그리고 직접 경험해본 결과, 괴로움을 이겨내고 긍정적인 에너지를 끌어모을 수 있는 방법은 분명 있다. 단순하지만 잘 실천한다면 이보다 좋은 처방전도 없다.

소리 내어 말하고
가슴에 각인하라

자신에게 괴로움을 주는 것이 무엇이든 간에 소리 내어 말한다. 미국 자동차회사의 최고 영업사원에 대한 이야기를 들은 적이 있다. 그 사원은 아침에 일어나자마자 커튼을 연다. 방 안을 가득 채우는 아침 햇살을 받으며 이렇게 말한다. "아, 날씨 좋다! 기분도 최고군. 오늘은 분명 좋은 일이 생길 거야! 계약도 착착 잘 될 거야!"

마음속으로가 아니라 소리를 내어 자기 자신에게 말하는 것이다. 이렇게 소리를 내어 말하는 것은 마음속으로 조용히 생각하는 것과는 아주 다른 효과가 있다. 긍정의 말을 내뱉음으로써 주문처럼 각인되는 것이다. 업무 중 속상하고 힘든 일이 생기면 이 방법을 써보길 권한다.

"힘을 내자. 내일은 어떻게든 해결되겠지!"

"분명 시간이 해결해줄 거야!"

"나쁜 일만 있는 건 아니잖아!"

다소 뻔뻔해져도 괜찮다. 자신에게 힘을 줄 수 있는 긍정의 말을 내뱉어보자. 단, 반드시 소리 내어 말해야 한다.

스페인어로 '케 세라 세라'는 '될 대로 돼라'라는 뜻이다. 한국어로는 '괜찮아요', 오키나와 말로는 '난쿠루나루사'라고 한다. 이런 긍정적인 뉘앙스의 말이라면 어떤 말이든 괜찮다. 긍정적인 말을 입 밖으로 내뱉으면, 모든 괴로움이 사라지지는 않더라도 내일을 향해 나아가는 용기 정도는 샘솟을 것이다.

메모를 하면 문제가 명확해진다

내가 안고 있는 괴로움을 해소하거나 덜어내는 두 번째 대처법은 '메모하는 것'이다. 가끔 잠들지 못하고 뒤척이는 밤이 있다. 내일 해야 할 일이 머릿속에 맴돌아서 좀처럼 잠들기 힘들 때는 메모를 해보자.

잠자리에 누워서도 머릿속을 떠나지 않는 생각이 있다면, 일어나 하나하나 적어 내려간다. 막상 적어놓고 보면 꽤 많다고 생각했던 내용이 서너 가지밖에 안 된다는 사실을 깨닫게 된다. 그 서너 가지가 계속 머릿속을 맴돌며 할 일이 많은 것처럼 착각하게 만드는 것이다.

메모는 머릿속을 맴돌며 마치 큰 문제처럼 여겨졌던 일들이 실상 별 것 아니었음을 확인시켜주는 효과가 있다. 생각이 많고 머리가 복잡하다면 메모를 하자. 해결해야 할 문제가 생각보다 적다는 점을 한눈에 명확하게 알 수 있다. 다음 날 아침 메모한 순서대로 일을 해결해나가다 보면, 생각보다 시간이 얼마 걸리지 않아 끝날 것이다. 내 경험에 비춰보면 오전 중에 모두 끝내버릴 때도 많았다.

해야 할 일이 꼬리에 꼬리를 물며 연신 떠올라서 잠들지 못할 때는 그 생각의 조각들이 계속 반복 재생되고 있을 뿐이다. 그럴 때는 메모를 해보면 그 사실을 확인할 수 있다. 그리고 조금 더 가벼운 마음으로 잠자리에 들 수 있으므로 숙면에도 도움이 된다. 머릿속이 복잡할수록 메모를 통해 일목요연하게 해야 할 일들의 리스트를 정리해보자.

하기 싫은 일부터 해결한다

세 번째 대처법은 만나고 싶지 않은 사람과 피하고 싶은 일을 먼저 마주하는 것이다. 직장인이 안고 있는 괴로움과 스트레스의 대부분은 인간관계에서 비롯된다. 피할 수 없으면 즐기는 방법을 택하는 것이다. 만나고 싶지 않은 사람일수록 먼저 다가가서 만나자. 2미터 이내의 가까운 거리에서 이야기를 나눠보면, 관계가 껄끄러운 사람이나 싫어하는 직장 상사도 자신과 크게 다르지 않음을 깨닫게 된다.

별 다를 것 없는 사람끼리 머리를 맞대고 있으면, 그리 화날 일도 불평할 일도 없다. 그래서 나는 만나기 싫은 사람이 있으면, 오히려 상대방과 얽힌 문제를 빨리 해결할 수 있는 기회라고 생각한다. 움직이기 싫은 심신을 일으켜 세운 뒤 무조건 빨리 만나러 간다.

고민은 또 다른 고민을 낳을 뿐이고 부정적인 생각만 키운다. 힘들고 괴로운 일이 있을 때는 고민에 빠져 있지 말고 적극적으로 처방전을 활용해보자. 큰 소리로 희망 사항을 이야기하고, 메모를 하며, 싫은 사람부터 만나러 가자. 3가지 모두 꽤 빨리 효과가 나타나는 방법이니 반드시 실천해보기를 바란다.

제품을 파는 기업,
감동을 파는 기업

철도회사의 상품은 무엇일까? 흔히 승차권이라고 생각하는 사람이 많은데 그렇지 않다. JR그룹 각 사에는 프리패스나 왕복 승차권 같은 할인 승차권이 있다. JR 사내에서는 이런 할인 승차권을 '특별 기획 상품'이라 부르기는 하지만, 철도회사의 상품은 승차권이 아니다.

상품이란 판매를 목적으로 한 재화나 서비스를 말한다. 승차권은 철도회사의 상품을 구입하여 이용하기 위한 권리증 같은 것이다. 이 권리증에 기재되어 있는 권리를 행사하여 손님들은 철도회사의 상품을 손에 넣는다.

철도회사의
상품은 서비스다

철도회사의 상품은 철도사업자가 고객에게 제공하는 모든 서비스다. 승차한 역에서 하차하는 역까지 이동하는 동안 제공되는 모든 운송 서비스가 바로 상품이다.

역에서 승차권(권리증)을 구입하면 개찰구를 통과해 승강장으로 이동한다. 그리고 열차를 타고 목적지로 향한다. 목적지에 도착하면 열차에서 내려 역 밖으로 나간다. 승차권 구입부터 종착역 밖으로 나가기까지 철도사업자는 고객에게 다양한 서비스를 제공한다.

이 서비스의 정의에 포함되는 것은 너무 많아서 일일이 셀 수가 없다. 열차 속도, 운행 열차의 수, 열차의 분위기나 디자인이 주는 차량의 쾌적함, 역 설비의 안전성, 역에서 표를 파는 직원의 친절, 차내 승무원의 행동 등 모든 것이 운송 서비스에 포함되며 철도회사의 상품이다.

이 정의는 항공기, 버스 등 모든 교통기관에 적용된다. 호텔도 마찬가지다. 방을 예약했다고 상상해보자. 당일 호텔에 도착하여 체크인하고 객실에 들어간다. 호텔에 머무르다 체크아웃하는 순간까지 물리적으로나 정서적으로나 다양한 서비스를 받는다. 호텔 상품이란 이런 일련의 수속과 고객이 숙박하는 동안 느끼고 체험하는 모든 서비스를 가리킨다.

예약이 편리한지, 직원이 친절한지, 호텔 프런트 및 객실 설비와 비품이 좋은지, 조식이 만족스러운지, 호텔 측에 무언가를 요청하거나 주문할 때 어떻게 대응했는지 등 모두가 포함된다. 호텔은 고객이 지불한 비용에 비해 서비스의 수준이 동등하거나 그 이상이라고 느끼게 해야 한다. 그래야 고객이 만족할 수 있다.

철도회사도 마찬가지다. 고객이 해당 상품의 가치에 지불한 대금이 바로 운임이다. 운임보다 상품 가치가 높으면 고객 만족도는 높아지고, 만족도가 높으면 이용 고객은 늘어난다.

이처럼 상품 가치를 높이기 위해 JR그룹은 열차 서비스 향상과 운행 열차의 수를 늘리기 위해 노력해왔다. 역사驛舍 개축과 설비 개선도 차근차근 진행해왔으며, 차량의 디자인 개선과 쾌적한 승차감을 제공할 수 있는 방법을 끊임없이 강구해왔다. 이렇듯 약 30년 동안 운송 서비스의 질을 향상시키기 위해 부단히 노력해온 결과 고객들의 사랑을 받는 철도회사가 될 수 있었다.

고객을 충분히 만족시키고 있는가

그런데 한 가지 아쉬운 점이 있다. 기계나 설비 같은 물리적인 측면에 들이는 노력에 비해, 고객 응대 서비스 같은 정서적인 면에 대한 관심과 노력은 부족하다. 적어도 나에게는 그렇게 느껴진다. 하지만 철도회사도 고객 응대에 많은 노력을 기울이고 더 나은 서비스를 제공하기 위해 노력해야 한다. 철도회사에서도 호텔이나 일반 서비스 상품처럼 고객 응대 서비스가 매출에 큰 영향을 준다고 확신한다.

JR큐슈는 국철 분할 민영화에 따라 1987년에 설립됐다. 이후 처음 10년간은 순조롭게 매출이 늘었다. 열차 속도가 빨라지자 운행 빈도가 높아졌고, 새로운 역을 설치하는 등 철도 설비 개선에 힘을 쏟은 결과다. 그런데 1997년에 들어서면서 갑자기 매출이 감소하기 시작했다. 이러한 하향 곡선은 2002년까지 6년간 지속되었다. 그 원인은 아시아 통화 위기와 소비세 인상과 같은 경제 전반의 변화에 있었지만, 진짜 원인은 내부에 있었다.

당시 JR큐슈 이시하라 스스무 사장은 매출 감소의 원인을 분석한 후, 이 난국을 해결할 방법은 '고객 응대 서비스밖에 없다!'는 확신을 갖게 되었다. 물론 회사 창립 이래 서비스 향상을 위한 노력은 지속적으로 이어져왔다. 하지만 결과적으로 고객의 지지를 얼마나 얻고 있는지, 고객에게 충분히 만족감을 주고 있는지 묻는다면 그 답은 부정적일 수밖에 없었다.

투서나 전화를 통한 고객 불만 의견 건수가 전혀 줄어들지 않았다. 역 시설이 너무 나빠 불쾌감이 들었다는 의견도 있었다. 숫자는 정직하다. 그리고 그것은 그대로 철도 매출의 감소로 이어졌다.

2003년 6월, 나는 본사로 돌아와 철도사업본부 서비스 부장에 부임했다. 그때 내가 받은 첫 번째 미션은 서비스 개선에 관한 것이었다. 기존의 서비스 향상 운동인 '감동 작전'과는 전혀 다른 서비스 전략을 생각해내라고 했다.

고객을 잃으면 전부를 잃는 것

해결하기 어려운 과제를 맡은 나는 고민을 거듭한 끝에, 새로운 운동을 창안했다. 지금은 널리 알려진 '정리, 정돈, 청소, 청결'에 '고객 응대'라는 새로운 조항을 더해 직원들이 이 5가지 사항을 철저하게 지키도록 했다.

서비스를 물리적인 개념으로만 이해하고, 물리적 개선에만 치중했던 그전까지의 감동 작전과 구별하기 위해, 나는 이 새로운 운동을 '신·감·동 작전'이라고 불렀다. 한 글자씩 차분히 음미하면서 가슴에 새겨두기를 바라는 마음을 담아 글자 사이사이에 가운뎃점을 넣었다.

사실 이 운동을 구상할 때 '서비스는 바로 매출과 이어지지 않는다'라는 현장 베테랑의 목소리도 들었다. 하지만 신·감·동 작전을 시작한 지 두 달이 지나자 매출에 변화가 나타났다. 그때까지 대부분 역의 실적이 6년 연속 전년에 비해 계속 감소했지만, 그 이후로는 전년도 실적을 상회하는 역이 절반을 넘었다. 4개월 후에는 전체 철도 매출이 전년도를 뛰어넘기 시작했다.

해외 컨설턴트회사가 정리한 자료에 따르면, 어느 회사의 고객이 100명이라면 1년 후에 남아 있을 고객은 평균 75명이라고 한다. 25명이 떠나고 대개는 그만큼의 새로운 고객이 생긴다. 때에 따라서는 떠나는 25명이 27명 정도로 늘어나기도 한다.

또 다른 경영학자는 이렇게 말한다. "새로운 고객을 유치하기 위한 비용은 기존 고객을 유지하는 데 드는 비용의 5~10배 정도가 된다." 지극히 맞는 말이다. 그러므로 새로운 고객을 잡기 위한 노력에 앞서 지금 우리 회사를 이용하는 고객들을 더 신경 쓰고 중요하게 여겨야 한다.

그렇다면 기존 고객을 유지하고 새로운 고객을 유치하기 위해 가장 중요한 경영 요소는 무엇일까? 나는 그 무엇보다 양질의 고객 응대 서비스로 그들의 마음을 사로잡는 게 중요하다고 생각한다. 피터 드러커 역시 이런 말을 했다. "기업의 목적에 대한 효과적인 정의는… 고객 창출이다." 기업은 새로운 고객 유치 그리고 기존 고객의 유지에 끊임없는 노력을 기울여야 한다.

서비스와 비용은
이율배반의 관계

어느 시대나 기업들을 딜레마에 빠뜨리는 문제가 있다. 서비스와 비용의 상관관계다. 서비스와 비용은 항상 이율배반 관계에 있다. 이 둘의 적정 수준을 찾아내기 위해서는 꽤 많은 노력이 필요하다.

나는 철도사업·선박사업·외식사업이라는 서비스 현장에서 일했고, 후쿠오카대학교에서 2년 동안 이 주제로 강의도 했다. 또 나나쓰보시를 운영하면서 고객에게 제공할 수 있는 최고의 서비스는 무엇인지 생각해볼 기회도 얻었다. 그 덕분에 서비스와 비용의 관계에 대해 내 나름대로 생각을 정리해볼 수 있었다.

최상급 서비스를 제공하며
이윤을 남기는 법

서비스와 비용의 관계를 그래프로 그려보면, 이차함수 곡선이 그려진다. 서비스 수준을 70퍼센트 정도까지 높이면 비용 역시 완만하게 올라간다. 만일 일반적인 사업자의 실력을 갖추고 있다면, 80퍼센트 정도까지 서비스를 개선할 수 있다.

레스토랑 가이드라면 가이드북에 나오는 별을 얻는 것이 목표일 것이다. JR큐슈가 나나쓰보시의 고객층을 타깃으로 삼고 싶다면, 서비스를 90퍼센트 이상의 수준으로 끌어올려야 한다.

서비스 수준을 80퍼센트에서 90퍼센트로 올리려면, 비용이 약 20퍼센트 상승한다. 그러나 90퍼센트에서 최고 수준인 100퍼센트로 향상시키려 하면, 예상치 못한 일이 일어난다. 비용이 갑자기 50퍼센트 이상 올라가는 것이다.

서비스 수준을 80퍼센트 정도로 설정했을 때와 비교하면 1.5~2배의 비용이 든다. 세계적으로도 최고 수준의 서비스를 추구하는 사업은 이미 그만큼 비용에 대한 위험성을 안고 있다는 뜻이다. 세계 최고 수준의 일을 하고 있다는 자존감만으로는 적자를 막을 수 없다. 적자는 그대로 두면 끝도 없이 늘어나므로 이를 해결할 현명한 대안이 필요하다.

밑 빠진 독에
물 붓는 자기만족의 덫

최고의 서비스를 추구하면서 회사를 경영하는 것은 정말 어려운 일이다. 100퍼센트에 가까운 최고의 서비스를 추구하면서도 흑자를 내기 위해서는 세세한 부분에서까지도 강도 높은 비용 삭감을 추진해야 한다.

사실 비용 삭감은 꽤나 의미 있는 작업이다. 서비스 수준을 올렸다 내렸다 조절하는 만큼 비용이 크게 요동친다. 예를 들어 서비스 수준을 98퍼센트에서 95퍼센트 정도로 재설정하면, 비용은 대략 15~20퍼센트 정도까지 내려간다. 거기서 95퍼센트를 90퍼센트로 낮추면, 또다시 비용을 10퍼센트 떨어뜨릴 수 있다.

서비스를 제공하는 쪽에서 사실을 말하자면, 서비스 수준을 꽤 높이더라도 고객들이 인지하지 못하는 부분이 발생한다. 고객을 대하는 응대 서비스는 창작 활동과 유사한 점이 있다. 비용과 노력을 들여 성공할 수 있다면, 얼마든지 그렇게 할 수 있다.

하지만 사용자나 시청자, 독자 즉 고객의 마음에 닿지 않으면 노력과 비용은 서비스를 받는 쪽이 아니라 제공하는 쪽의 자기만족을 위해서 시행될 뿐이다. 다시 말해 독선적인 성격을 지닌다.

철도사업자와 외식사업자의 입장에서 말하면, 고객이 있는 시간과 없는 시간 동안 서비스에 기울여야 할 노력과 비용에 분명

한 차이를 둬야 한다. 시간대에 따라 해야 할 일이 전혀 다른 점을 전제로 직원 교대와 업무 일정을 잘 고려하여 인원 배치와 설비 투자를 실행할 필요가 있다.

이미 알고 있겠지만, 수준 높은 서비스일수록 사전 준비를 얼마나 세세하고 적절하게 하는지에 따라 비용에서 큰 차이가 난다. 서비스를 생각할 때 '자기만족'이라는 것부터 삭제해야 한다. 그러면 의외로 비용이 많이 줄어든다. 일을 하면서 자기만족에 빠져 있다는 걸 스스로 인지하는 것은 생각처럼 쉽지 않다. 또 오랜 시간이 걸린다.

수준 높은 일일수록 자기만족이라는 허상이 생겨나기 쉽다. 그러므로 일을 잘하는 사람일수록 반드시 자기만족의 덫에 빠지지 않도록 유의해야 한다.

안전은 갑자기 떼를 쓰는
아기와 같다

사장으로 있던 시절, 나는 "안전은 아기와 같다."라는 말을 나 자신에게 자주 했다. 최고경영자들은 항상 안전을 생각해야 한다. 그런데 다른 일에 집중하다 보면 가장 기본적인 안전을 자꾸만 뒷전으로 미루게 된다.

아기는 자신을 돌보지 않고 방치하면 주목해달라고 칭얼거리고 떼를 쓰며 운다. 안전도 마찬가지다. 방치하면 자신을 잊지 말라고 떼를 쓴다. 그러다가 사고가 발생한다. 경험상 그렇게 생각하면 많은 것이 쉽게 이해된다. 그래서 나는 '안전을 최우선으로 생각해야 한다'며 스스로 굳게 다짐하곤 했다.

최상의 서비스는
안전에서 시작된다

사장 취임 이후 가장 걱정하면서 신경 쓴 부분도 안전이다. 사업 다각화를 진행하더라도 JR큐슈의 본질이 철도회사라는 점은 변하지 않는다. 철도회사에 가장 중요한 것은 안전이다. 그래서 모든 직원들이 안전의 중요성을 인식하고, 긴장을 늦추지 않도록 세심한 주의를 기울였다.

그 어떤 분야, 그 어떤 기업이든 안전이 중요하지 않은 곳은 없다. 하지만 교통을 책임지는 철도회사에 있어 안전은 특히 더 중요하며 아무리 강조해도 지나치지 않는다. 그 어떤 서비스도 안전이 담보되지 않으면 의미가 없다.

하지만 안전이라는 것은 지극히 일상적인 목표라서 매너리즘에 빠지기 쉽다. 자신도 모르는 사이에 안전 의식이 희미해지기 십상이다. 그러나 안전에 둔감해진 현장에는 사고가 기척도 없이 다가온다. 그것을 가장 무서워해야 한다. 그래서 철도회사의 사장이 가장 큰 힘을 쏟아야 하는 부분이 바로 '안전'이다.

안전 의식을 높이는
4가지 표어

사장의 최대 사명이 직원들의 안전 의식을 강화하고 긴장감을 유지시키는 것이라 해도 과언이 아니다. 그래서 나는 안전에 관한 4가지 표어를 만들어 사원들에게 알렸고, 그들에게서 '안전 의식이 높아졌다'라는 꽤 좋은 평가를 받았다. 그 표어를 여기에 소개하고자 한다.

1. 안전 의식은 잠들기 쉽다

안전 의식은 조금만 방심하거나 혹은 나태해지거나, 단조로운 일에 익숙해지면 금세 희미해진다. 그래서 '잠들기 쉽다'라고 표현한 것이다. 오랫동안 무사고를 기록하고 있는 베테랑 사원이든, 이제 막 입사해 잔뜩 긴장하고 있는 신입사원이든 상관없이 안전 의식은 잠들기 쉽다.

안전에 일일이 신경 쓰는 태도는 프로답지 못하다며 불평하는 것은 어리석은 행동이다. 전문가들도 안전에 안이해질 수 있다. 그렇다면 어떻게 해야 안전 의식의 고삐를 바짝 당길 수 있을까? 애초부터 안전 의식은 잠들기 쉬운 것이라는 점을 인정해야 한다. 그러면 항상 잠에서 깨어 있기 위해 노력하게 된다.

잠든 사람을 깨우기 위해서는 몸을 흔들거나 큰 소리를 내야 하듯 안전 의식도 마찬가지다. 잠에 빠지지 않도록 자신의 몸을 움직이고 큰 소리로 안전 사항을 확인해야 한다. 이때 효과적인 방법이 손가락으로 가리키며 안전을 확인하는 '시사코쇼 동작'이다. 이는 철도원의 기본 동작이기도 하다.

"출발 진행."

"장내 정지."

"폐문 확인."

"우측 확인, 좌측 확인."

손가락을 길게 뻗어 가리키며 큰 소리로 확인하는 동작으로 잠들기 쉬운 안전 의식을 깨워준다. JR큐슈의 특기인 행동 훈련도 안전 확인 동작을 비롯한 기본 동작을 철저하게 하기 위해서 시작한 것이다.

2. 한 번 더 노력하고, 한 번 더 확인한다

어떤 종류의 일을 하든 마무리할 때, 작은 노력이라도 더하면 일의 결과가 달라진다. 마지막 순간까지 최선을 다해 기울인 노력에 그 사람의 진짜 정성이 담긴다. 작업 마지막 순간에 신경 쓰이는 부분을 한 번만 더 확인하자.

경험상 마지막으로 한 번 더 확인하다 중대한 실수를 발견하여 일을 무사히 끝내게 된 경우가 적지 않았다. 일을 잘하는 사람은 마지막에 한 번 더 힘을 들이고, 한 번 더 확인한다. 이는 안전 의식을 강화하기 위해 잊지 말아야 할 정신이다.

3. 안전은 꾸준히 실천해야 한다

안전과 관련된 일은 단조로워지기 쉽다. 너무 단조로워서 싫증
나기 쉽고 긴장감이 없어진다. 긴장감을 잃지 않고 안전을 꾸준
히 실천할 수 있도록 늘 스스로 경계해야 한다.

4. 안전은 만드는 것이다

'안전을 지킨다'라는 표현을 자주 쓰지만, 사실 적절한 표현이
아니다. 이 말은 '안전은 애초부터 현장에 존재하고 있으므로, 아
무것도 하지 않아도 안전은 존재한다. 그러니 없어지지 않도록
지키면 된다'라는 생각을 바탕으로 하고 있다.

하지만 안전은 결코 누군가가 미리 준비해두는 것이 아니다.
원래부터 그곳에 존재하는 것이 아니란 뜻이다. 오히려 현장에는
위험이 넘쳐나기 때문에 지키기만 하면 되는 안전이 존재할 여지
가 없다. 항상 어떤 위험이 발생할지 모르는 곳이 바로 현장이다.

안전은 지키는 것이 아니다. 그러므로 매 순간 기본 동작을 반복
하고, 안전 의식을 일깨우면서 스스로 만들어나가야 한다.

사고는 실수지만
은폐는 죄악이다

중대한 일일수록 결정적인 순간에 우발적 사고나 문제가 발생하기 쉽다. 그럴 때 조직은 어떻게 해야 할까. 결론부터 말하면, 위기 상황을 숨기지 말고 재빨리 안팎으로 알려야 한다. 이보다 더 좋은 방책은 없다. 하지만 그 반대로 하면, 틀림없이 돌이킬 수 없는 사태를 초래한다.

나쁜 소식일수록
더 빨리 알려라

2013년 10월, 나나쓰보시는 관계자들의 열정적 에너지가 모이고 폭발한 결과 개통까지 일주일 정도 남은 상황이었다. 세간의 관심을 집중시킬 수 있는 세밀한 브랜드 전략이 필요했다. 정보를 단계적으로 공개하면서 미디어의 주목도를 높여가자 사람들의 관심도 자연스럽게 커지기 시작했다. 기자들과도 심도 있는 대화를 나누며, 나나쓰보시가 환영받을 수 있도록 분위기를 고조시켜 나갔다.

그런 와중에 2013년 10월 8일, 사고가 발생했다. 시험 운행을 하던 나나쓰보시가 전신주와 접촉 사고를 일으켰다. 이때 재래선의 역내에 설치한 가선주가 규정에 나와 있는 위치보다 안쪽에 세워졌다는 사실을 알게 되었다. 기존의 열차와 비교해 규정에 아슬아슬하게 맞는 크기로 제작된 나나쓰보시가 그 가선주에 부딪히고 만 것이었다. 게다가 승차감을 쾌적하게 만들기 위해 부드러운 완충장치를 적용했기 때문에 굽은 길에서 차체가 기울어지기 쉬운 특성도 사고에 한몫했다.

이 사고로 인해 놓칠 뻔했던 우리 회사 선로의 문제점을 찾아낼 수 있었다. 한편 나나쓰보시는 열차가 가질 수 있는 잠재력을 최대한 지니고 있지만, 규정에 딱 맞게 제작되었다는 사실이 명백히 밝혀졌다. 정말 다행스러운 일이었다.

하지만 총 공사비 30억 엔(약 341억 원)을 들인 호화 열차로, 요금도 최상급 리조트 호텔이나 호화 여객선 수준인 나나쓰보시가 브랜드 이미지를 높이기 위해 필사적으로 노력하는 과정에서 일어난 사고는 정말 뼈아픈 일이었다.

우리 회사의 모토 중 하나는 '성실'이다. 중기 경영계획 '만들자 2016'에는 성실함을 만드는 1항으로 '거짓, 위선, 속임수가 없는 행동으로 JR큐슈 그룹에 관련된 모든 사람들의 신뢰를 쌓는다'라고 적혀 있다.

JR큐슈 그룹은 직원들에게도 거짓이나 은폐는 옳지 않다고 철저히 가르치고 있다. 지역 주민에게도 기회가 있을 때마다 이 점을 분명히 말한다. 그래서 이 사고에 대한 내용을 홍보물을 통해 공표했다. 고심 끝에 내린 결단이었지만, 이것이 JR큐슈라는 회사가 지향하는 방향임을 새삼 표명한다는 각오로 단행했다. 사고는 분명 부끄러운 일이지만, 그것을 은폐하기 위해 거짓을 말하는 건 죄악이다.

때로는 고난이 행운으로 이끌어준다

수도권의 미디어들에서 이 사고 공표를 계기로 나나쓰보시를 더 깊이 취재해보자는 움직임이 나타났다. 전혀 생각지 못한 전개였지만, 리스크를 짊어지면서까지 JR큐슈가 대단한 일에 도전하고 있다며 그들은 놀라워했다.

그야말로 전화위복의 상황이 되었다. 결과적으로 이 사고를 계기로 중앙 언론 매체들이 나나쓰보시에 관심을 갖기 시작했다. 그들은 지금까지 좀처럼 사례를 찾기 어려운 일에 도전하면서 대담할 뿐만 아니라, 성실한 태도로 위기 상황을 정면 돌파하고 있다는 사실에 주목했다. 정직하고 성실하게 사실을 숨김없이 밝혔다는 점을 높이 평가한 것이다.

나중에 들어보니 기자들은 사고 자체보다는 우리 회사의 엄청난 도전 그 자체였던 나나쓰보시에 더 큰 흥미를 가졌다고 한다. '세계를 제패한다', '세계 최고' 혹은 '우리도 하면 된다'라는 발상에 매료되었다는 것이다. 만약 그때 사실을 은폐하고, 나중에 진실이 밝혀졌다면 '세계를 제패한다'라는 말은 나올 수 없었을 것이다. 그리고 나나쓰보시는 지금처럼 아무 이상 없이 달리지 못했을 것이다.

순간의 판단 착오가 미래를 전혀 다른 방향으로 변화시킬 수 있다. 한편 고난이 좋은 방법을 가르쳐주고 행운으로 이끌어주는 경우도 있다. 이 사고는 조직의 리더로서 아주 귀한 경험이었다고 지금도 생각하고 있다.

품격 있게 성공하는
생존의 기술

"군자탄탕탕君子坦蕩蕩 소인장척척小人長戚戚."

《논어》의 한 구절로, '군자는 마음이 평온하고 넓으며, 소인은 항상 근심에 차 있다'라는 뜻이다.

외식사업의 수장으로서 흑자 전환과 새로운 회사 설립을 목표로 일에만 매진하던 시절, 좌우명으로 삼았던 말이다. 항상 편안하고 즐거운 마음을 유지하는 군자와 달리 소인은 항상 조바심을 내고 인색하다는 의미의 이 말을, 나는 수없이 되새겼다. 당시 나에게는 군자의 마음이 절실했기 때문이다.

길을 걸어가다 즐거운 얼굴로 걷고 있는 사람을 보면, 덩달아

내 마음도 즐거워진다. 밝은 표정으로 즐겁게 걷고 있는 사람은 보고 있는 사람의 기분까지 좋게 만든다.

우리는 모두 사회의 풍경을 이루는 한 사람이며 세상을 구성하는 일부다. 그러니 나부터 다른 사람에게 밝은 표정을 보여주고자 노력해야 한다는 사실을 잊지 말자.

라이벌도 존경하는 숭고한 태도

나에게 큰 영향을 준 외식산업의 전문가나 젊은 시절 파견 나갔을 때 많은 것을 가르쳐준 마루이의 사람들은 마음이 평온하고 넓은 사람의 본보기라고 할 만했다.

외식산업 전문가는 상대 회사 시찰을 나갈 때, 서비스나 맛이 좋은 가게든 좋지 않은 가게든 계산할 때는 웃는 얼굴로 잘 먹었다는 인사를 꼭 한다. 그러면 마주보고 있는 점원과 그 주변 직원들이 기뻐하며 가게 안의 분위기도 조금 밝아진다. 그런 그의 태도에선 때로는 숭고함까지 느껴지기도 한다.

라이벌이긴 하지만, 같은 산업에서 일하는 동료에게 미소와 감사 인사를 전하는 태도는 언제 봐도 인상적이다. 마루이의 사원들은 타사 백화점을 시찰할 때, 반드시 1층 입구 앞에서 코트를 벗고 인사를 한 뒤 안으로 들어갔다. 그리고 돌아갈 때도 1층에서 인사를 하고 환하게 웃는 얼굴로 나왔다. 라이벌이지만, 같은 분야에서 일하는 사람에 대한 경의를 표하기 위함이었다.

더불어 살아가는 사회에서, 더구나 조직에 소속된 구성원으로 살아가려면 우리는 어떤 존재여야 할까? 한 개인의 사소한 행동이 그 조직 전체의 이미지를 좌우하거나 대표할 수도 있기에 당연히 진실하고, 성실하며, 좋은 사람이어야 한다.

특히 JR큐슈는 회사의 직원들이 선하고 좋은 존재이길 바란다. 회사뿐 아니라 지역을 건강하게 만드는 사람으로서 항상 유쾌하고 긍정적인 영향을 미치길 바라는 것이다. 한 명의 직원은 회사를 대표하며, 사소한 행동과 말이 그 사람을 말해주기도 하기 때문이다.

무엇보다 나는 직원들에게 고객, 사회와의 관계 속에서 나와 JR큐슈의 역할에 대해 고민하라고 강조하며 직원들에게 이렇게 말하곤 한다.

"우리의 일은 고객들에게 표를 많이 파는 게 아닙니다. JR큐슈의 팬을 늘이는 것이 우리의 일입니다."

누구나 평등하고 대등하게 대하라

경쟁 회사에 가서도 여유 있고 밝은 표정으로 예의 있게 행동하는 사람은 자신의 회사에서도 주변을 밝고 건강하게 만들면서 일한다. 마루이의 유명 지배인 출신인 사카이 요네아키 부사장은 그런 본보기와도 같은 사람이었다.

내가 마루이에 파견 나갔을 당시 그는 인사부장이었는데, 젊은 사원과 파트타이머 근무자들이 그에게 문제를 상의하기 위해 자주 찾아왔었다. 그는 경영진에게도 인정받는 직원이었다. 임원이나 부장급 사람들도 종종 인사부장실의 문을 두드렸다.

한번은 젊은 파트타이머가 상담을 하려고 왔을 때, 마침 임원한 명이 그를 찾아왔다. 하지만 사카이 부장은 자신보다 높은 직위의 임원에게 잠시 기다려 달라며 양해를 구한 뒤, 파트타이머의 이야기에 계속해서 귀를 기울였다.

또 인상적이었던 것은 그가 마루이의 가게를 살펴보러 갈 때, 파트타이머 근무자들에게 가장 먼저 인사하는 것이었다. 굳이 말로 설명하지는 않았지만, 그 모습에서 상대방이 누구든 설사 불리한 입장에 처한 사람이라도 평등하고 대등하게 대하겠다는 강력한 결의가 느껴졌다.

그런 훌륭한 스승에게서 사람을 대하는 태도를 배워서인지 나역시 사람을 차별하지 않는다. 상대방이 사회 초년생이든 정재계의 거물이든 '한 사람'으로서 차별 없이 존중하겠다고 항상 다짐한다.

차장 이상의 여러 부서 팀장들에게도 자주 이렇게 말한다.

"부하 직원들은 모두 각자의 가정에서는 귀한 사람들이며, 우리는 그들을 빌려온 것이나 다름없습니다."

사람에게는 누구나 자신만의 역사와 미래가 있으며 가족이 있다. 설사 업무상 지적할 일이 있더라도 일과 관계없는 문제로 비난하거나 훈계를 늘어놓아선 안 된다.

리더나 상사의 자리에 있을수록 군자처럼 느긋하고 온화한 자세를 유지해야 한다. 조바심 내거나 인색하게 구는 소인의 태도로는 존중받기 어렵다. 그래서 나는 나쁜 일을 보고받을 때일수록 웃는 얼굴로, 끝까지 평정심을 유지하며 들으려고 부단히 노력하고 있다. 그것이 넘볼 수 없는 품격의 차이를 만든다.

상식과 편견을 깰 때
찾아오는 짜릿함

"달걀은 씻으면 안 된다."

이 말은 '달걀 박사'라고 불리는 도야마현에 있는 세이어그리 시스템SEI Agri System의 이세 도요히코 사장이 한 말이다. JR큐슈는 이세 사장의 가르침을 받아 전국적으로 유명한 '우치노타마고' (한국어로 '우리 집 계란'이라는 뜻—옮긴이)라는 히트 상품을 손에 넣게 되었다.

우치노타마고는 JR큐슈가 운영하는, 후쿠오카 우치노슈쿠에 있는 양계장에서 탄생했다. 이름은 내가 지었는데 정말이지 만족스러운 작명이다.

상식은 깨라고
있는 것

이 상품은 언론에서 '일품 계란밥'이라는 별칭과 함께 알려졌는데 이세 사장에게서 직접 전수받은, 일반적인 상식과는 다른 식견과 발상을 통해 탄생할 수 있었다. 달걀에 관한 나의 기존 상식은 이세 사장에 의해 전부 뒤집어졌다.

1. 달걀은 둥근 쪽이 위쪽이다

달걀에는 둥근 쪽 껍질에 무수히 많은 기포가 있어 그쪽으로 병아리가 산소를 들이마시며 성장한다. 껍질을 깨고 얼굴을 내미는 것도 둥근 쪽이다. 그러므로 달걀은 뾰족한 쪽이 아니라 둥근 쪽이 위다.

2. 달걀은 완전하고 안전한 식재료다

닭은 자손을 번식시키기 위해 달걀을 낳는다. 흰자위가 병아리의 몸을 형성하고, 노른자위는 병아리가 태어나기 직전과 직후의 영양분이 된다. 껍질의 칼륨은 병아리의 골격에 공급된다. 이처럼 생명체로서 태어나 성장하기 위한 영양이 균형적으로 구성되어 있는 달걀은 인간에게도 맛있고 안전한 식재료가 된다.

3. 특수 성분을 배합한 모이를 먹이지 마라

어미닭의 모이에 특수한 성분을 배합하는 사람이 있는데 이는 영양의 균형을 파괴해 어미닭의 건강을 해친다. 위생적인 면을 생각하여 항생물질이나 항균제 등을 혼합한 모이를 먹은 어미닭은 뼈가 약해져 건강하지 못한 상태가 된다. 그런 닭이 낳은 달걀 역시 건강하지 못해, 깨뜨려보면 노른자위가 평평하게 퍼진다.

4. 닭을 평지에 풀어놓는 게 무조건 좋은 건 아니다

얼핏 좋은 방법처럼 보이지만 닭 떼를 평지에 풀어두면 본능이 깨어나 자기들끼리 싸운다. 오히려 스트레스가 쌓이기 쉽다. 또 병이나 기생충의 침범을 막기도 어렵다. 반면 기계 관리형의 케이지에 빽빽하게 밀어넣어 사육하는 것도 좋지 않다. 세이어그리 시스템에서는 하나의 닭장에 120일 정도 된 병아리를 일정한 수만큼 넣어 15개월 후에 모두 꺼내는 '올인올아웃'(가축을 한꺼번에 입식하고 한꺼번에 출하함으로써 질병의 사이클을 차단하는 사양관리 시스템—옮긴이) 방식으로 키운다. 이후 닭장은 철저하게 물로 씻고 소독하여 한 달 동안 보전한다. 그런 환경에서 큰 어미닭은 동그스름한 노른자가 볼록 솟는 건강한 달걀을 낳는다.

5. 씻지 않은 달걀이 신선도가 더 높다

건강한 닭이 낳아 위생적으로 관리된 달걀은 씻을 필요가 없다. 씻으면 오히려 신선도를 유지하기 어렵다. 대부분의 양계장에서는 출하 전에 세정 작업을 하는데 이세 사장은 이런 현상에 분개했다.

건강한 어미닭이 낳은 달걀의 표면은 큐티클이라는 단백질이 덮고 있어, 공기는 통하지만 곰팡이나 미생물은 통과하지 못한다. 1977년 첫 출하부터 '세이어그리 건강란'은 씻지 않고 출하하였고 살모넬라균의 발생 사례는 한 건도 없다고 한다.

히트 상품의
다음 목표는 흑자

'세상의 상식을 무조건 그대로 받아들여서는 안 된다.'

이는 이세 사장의 가르침을 지키며 운영하는 우리 회사의 우치노슈쿠 양계장에서 매일 '우치노타마고'를 낳는 닭이 알려주는 바이기도 하다. 씹지도 않고 통째로 삼키는 것은 닭뿐 아니라 우리 인간들에게도 좋지 않다.

원래 철도회사였던 JR큐슈가 농업을 시작한다는 자체가 사람들에게는 상식 밖의 일과 같았다. 하지만 우리는 먼저 그 상식의 껍질을 깨뜨렸기 때문에, 이후에 히트 상품과 브랜드를 출시할 수 있었다.

　그러나 아직 갈 길이 멀다. 히트 상품을 만드는 데는 성공했지만, 농업 부문 자체는 아직 흑자의 꿈을 달성하지 못했다. JR큐슈 그룹 전체의 2017년도 결산 수치를 보면, 분명 농업만 역경에 처해 있다. 하지만 포기하지 않으려 한다. 하나둘씩 상식의 껍데기를 깨부수는 자세로 해결해나갈 것이다. 역경은 스스로 선택할 수 없지만, 역경 속에서 포기하고 좌절할 것인지 꿈꿀 것인지는 스스로 정할 수 있다.

최고가 되려면
최고로 보여야 한다

마루이에서 4개월 동안 연수를 받을 때, 인상적이었던 것 중 하나는 매일 아침 전 직원이 5분 동안 청소를 하는 것이었다. 매일 5분이라도 1년이면 대략 20시간 이상 청소를 하는 셈이다.

나나쓰보시의 디자인을 담당한 미토오카 대표의 돈디자인연구소에서도 매일 아침 8시 30분부터 한 시간 동안 전 직원이 사무실을 청소한다. 청소를 하면 물건을 소중하게 여기는 마음이 싹트고, 건축 소재 공부에도 도움이 되기 때문이라고 했다.

내가 쓴 책에도 '청결'이나 '청소'라는 말이 자주 등장한다. 나나쓰보시 역시 운영 및 관리에 있어서 청소가 가장 중요한 서비스라는 철학을 갖고 있다. 옻칠을 한 차체는 운행을 시작한 뒤 대략 5년이 지난 지금도 훌륭하게 관리되어 빛을 잃지 않고 있다. 자연 소재로 꾸민 내부 역시 해가 지날수록 소재 고유의 빛이 보기 좋게 변하는 데다 매일 닦고 관리한다. 그 덕분에 반짝반짝 윤이 나서 말로 표현하기 힘든 풍경을 만들어내고 있다. 사람의 손으로 지키는 품질만큼 감동을 주는 것은 없다.

나나쓰보시는 적은 인원이지만, 매일 이른 아침부터 열차가 빛이 나도록 청소한다. '정리, 정돈, 청소, 청결'을 중요하게 여기는 미토오카 대표를 보면서 나는 다시 한번 청소의 중요함을 느낀다. 호화스러운 서비스를 제공하는 나나쓰보시에게 청소는 그 무엇보다 중요한 서비스다.

호화스러움은 깨끗함에서 시작된다

나나쓰보시의 승무원들은 출발 전에 모든 물품을 준비해두고, 출발하면 전 승무원이 늦은 밤까지 틈틈이 청소한다. 주로 손님을 응대하지 않는 시간에 열차를 청소하는데, 이때 승무원 스스로 우리 열차의 뛰어난 품격을 실감하면서 관리 상태를 확인한다. 이러한 준비 과정은 모두 손님들이 쾌적하게 여행하기를 바라는 진심어린 마음에서 비롯되는 것이다.

사실 청소에는 별도의 매뉴얼이 존재하지 않는다. 그저 보이는 것은 모두 깨끗하게, 보이지 않는 것은 더 깨끗하게 청소하겠다는 마음가짐만 존재할 뿐이다.

차량 기지에 돌아가면, 관리팀의 차례가 된다. 청소에 단련된 전문가들이 아날로그 방식으로 청소한다. 나나쓰보시는 라운지카와 가장 끝 차량에 있는 큰 유리창이 특징이라서 그것을 포함한 모든 유리창을 수작업으로 닦고 있다.

그뿐 아니다. 바깥쪽 지붕 부분까지 직원들이 한 량씩 청소한다. 사실 차체만 닦고 지붕은 그대로 두는 열차도 많다. 하지만 나나쓰보시는 굳이 위에서 보지 않으면 알 수 없는 지붕까지 깨끗이 청소한다. 그것이 다른 열차와의 차이를 만드는 우리만의 강점이요, 자부심이다. 지붕까지 청소하는 열차는 보기 힘들다며 감탄하는 사람들을 보면 마음이 흐뭇해진다.

보이는 곳은 깨끗하게
보이지 않는 곳은 더 깨끗하게

기술적인 관리나 시험 운전은 연휴일인 월요일에도 당연히 시행하고 있으며, 운행 중에도 설비 상태가 좋지 않으면 전문 스태프들이 투입된다. 예를 들어 객실 에어컨이 고장 나면, 곧바로 전문 스태프들이 나나쓰보시 전용 유니폼을 입고 객실로 달려간다. 이

때도 역시 보이는 것은 모두 깨끗하게, 보이지 않는 것은 더 깨끗하게 처리한다.

나나쓰보시와 관련된 모든 사람은 나나쓰보시에 대한 애정이 각별하다. 그래서 더욱 깨끗하게 청소하고자 애쓰며, 스스로 모두에게 즐거움을 줄 수 있는 유쾌한 존재가 되기를 바란다. 이러한 마음은 물건을 만들 때나 도시를 정비할 때, 나아가서는 인재를 양성할 때도 마찬가지다.

매일 조금씩 주변을 청소해보자. 무슨 일을 하든 주변을 정리정돈하고 청소하는 것에서부터 시작해야 일이 잘 된다. 실제로 해보면 내 말의 의미를 깨달을 수 있을 것이다.

보이는 것으로
보이지 않는 것을 드러내라

산업계에서는 '가시화'可視化라는 말을 강조한다. 이것은 현장의 문제 해결 능력을 높이기 위해 업무 내용을 시각적으로 파악하기 쉽도록 표현하는 경영 기법을 가리킨다. 정량적으로 측정하기 어려운 것을 수치화하거나 그림 혹은 그래프를 준비한다. 조직 내에서 정보를 공유하여 쉽게 문제를 해결할 수 있도록 돕는 것이다.

우리 회사는 고객과 직원들의 커뮤니케이션으로 이루어지는 일이 대부분이다. 그래서 나는 자기 자신을 타인에게 보여주는 행동의 효용을 중요하게 생각한다.

배우나 모델은 사람들 앞에 자주 서기 때문에 더 아름다워진다. 그 말은 진리다. 남들이 보고 있다는 사실을 의식하기 때문에 표정이나 옷차림, 걷는 모습이나 말투, 사소한 행동 하나까지 긴장감을 갖고 불필요한 틈을 보이지 않는다. 그래서 남다른 세련미를 풍기는 것이다.

오이타역의 고급화 사업과 역사의 리뉴얼을 시작했을 때, 역장실을 유리로 만든 적이 있다. 고가화에 맞춰 새롭게 지은 역장실은 개찰구를 통과하여 홈으로 이어지는 중앙 홀에 면해 있어 많은 고객이 역장실 옆을 지나도록 되어 있었다.

보통 역과 다른 점은 역장실과 중앙 홀 사이의 벽이 투명하고 큰 유리판으로 되어 있다는 점이다. 즉 홀에서 역장실이 훤히 보인다. 역장이 책상에 앉아 일하는 모습을 수많은 이용객들이 볼 수 있었다. 당직 부역장에게서 업무 보고를 받는 모습, 역무원들과 회의하는 모습이 모두 보였다.

이 광경을 한참 동안 멈춰 서서 바라보는 여고생, 역장이 분주하게 서서 일하는 모습에 슬며시 미소 짓는 회사원, 별 생각 없이 유리창을 노크해보는 중년 부인까지 다양한 고객들이 역장실에 관심을 보였다.

사실 투명한 유리판 안쪽에는 커튼이 달려 있다. 하지만 당시 역장은 그 커튼을 치지 않고 항상 열어놓았다. 나는 그 점이 정말 대단하다고 생각했다.

머지않아 그 역장의 태도는 바뀌었다. 본사에서 역장들을 모아 회의를 해보면 그 역장은 말하는 목소리에서 힘이 느껴졌고, 표정도 다른 역장들에 비해 유난히 밝았다. 항상 의욕적이고 활기차며 어쩐지 상사인 나를 대하는 태도에도 자신감이 넘쳤다.

비슷한 효과는 다른 역에서도 확인할 수 있었다. 나가사키 사세보역은 판매 카운터에 사람들이 줄 지어 서 있어도 아무도 알아차리지 못하는 경우가 많았다. 역무원들의 옷차림이나 태도에 긴장감이 없었다.

그래서 고객이 서 있는 판매 카운터와 사무실 사이에서 칸막이 역할을 하던 로커와 커튼을 전부 치웠다. 유리창을 사이에 둔 것도 아니었다. 그저 가리지 않고 보이게만 한 것이다. 이런 사례를 참고로, 역무원과 직장의 '가시화'를 점점 더 진행해나갔다.

"어떻게 하면 조직에 활기를 불어넣을 수 있을까요?" 내가 외부 사람들에게 가장 자주 듣는 질문 중 하나다. 우리 회사의 경우에는 '중인환시'衆人環視(여러 사람이 둘러싸고 지켜봄—옮긴이)의 환경에서 일하게 하는 방법이 상당히 효과가 있었다. 우리 회사뿐 아니라 다양한 업종의 회사들이 이와 같은 환경을 통해 업무의 효율을 높이고 있을 거라고 생각한다.

철도회사의 리더는
발로 일한다

국철 시대 오이타역에서 있었던 일이다. 인사과장을 맡고 있던 나는 '인사과장 강의'라는 그럴싸한 주제에 대해 이래저래 고심한 끝에 수당의 개념을 이야기하기로 했다.

"여러분은 관리직 수당을 어디에 쓰십니까?"

관리직에 있는 한 사람이 대답했다.

"그야 생활비에 보태거나 아이들 교육비로 쓰지요."

"안 됩니다! 그건 관리직이 아닌 사람이 쓰는 방법입니다."

"그럼, 아랫사람들을 격려하는 회식 자리에서 씁니까?"

(JR큐슈는 회식이 많은 회사다.)

"그것도 아닙니다! 관리직 수당은 '구두 값'입니다."

내가 이렇게 말하면 대부분의 역장들은 자신의 구두를 물끄러미 바라보면서 생각에 잠긴다. 하지만 이 말은 좋은 구두를 사서 신으라는 뜻이 아니다. 관리직에 있는 사람은 신발을 많이 살 수밖에 없다는 뜻이다.

적극적으로 움직이고 커뮤니케이션하라

한 역장에게 근처에 맛있는 식당이 어디인지, 혹시 추천할 만한 지역의 명소가 있는지, 그 지역의 주요 인사는 누구인지 물었다. 하지만 그는 어느 질문에도 만족스러운 대답을 내놓지 못했다.

우리 회사의 신조 중 하나는 '지역을 건강하게'다. 그럼에도 그는 지역을 건강하게 만들기는커녕 자신이 일하는 지역에 대해 조금도 알지 못했다. 지역 인프라의 핵심적 역할을 담당하는 리더임에도 지역 전체는 고사하고, 역 주변조차 제대로 걸어보지 않았던 것이다.

다른 역에서도 역장에게 시장이 어떤 사람인지 물었지만, 실망스러울 정도로 시장의 됨됨이에 대해서 아는 바가 없었다. 나는 오랜만에 그 역장들을 심하게 꾸짖었다. 가장 기본적인 것도 하지 않고 있다는 사실에 분개했다. 그런 태도로는 지역을 건강하게 만들 수 없다. 지역과의 소통을 소홀히 하는 역장은 자질이 부족한 사람이다.

지역을 건강하게 만들려면 먼저 그 지역과 지역 주민들에 관해 잘 알아야 하며, 소통에도 적극적이어야 한다. 처음에는 별로 반겨주지 않는 곳이라 해도 포기하지 않고 계속 찾다 보면 언젠가는 진심이 통하게 마련이다. 그러니 역장이라는 관리직의 수당은 '구두 값'인 셈이다. 회사와 본인의 이름, 얼굴을 알리는 데 써야 하는 돈이다.

또한 역장은, 역이라는 그 지역의 주요 거점을 지키는 파수꾼이다. 역 구내뿐만 아니라 선로, 간판, 포스터 등을 확인하고 마을로 나가서 고객들에게 도움이 되는 정보를 수집하고 거래처나 관계자, 주요 인사들을 방문하려면 하루에만 수 킬로미터를 걸어야 한다. 그렇게 걷다 보면 한두 달 만에 구두가 너덜너덜해질 수밖에 없다.

마음의 군더더기는 몸에 나타난다

사실 우리 회사에서 구두 값이 별로 들지 않는 역장은 극히 소수에 불과하다. 대부분의 역장들은 역 주변을 비롯한 마을 전체를 적극적으로 돌아다니는 것을 방침으로 삼고, 매일 실천하고 있다.

조금 우락부락하게 생긴 데다 햇볕에 타서 피부가 가무잡잡하지만, 깨끗하게 손질된 구두를 신고 웃는 얼굴로 부지런히 돌아다니는 사람이 있다면, 그 사람이 바로 JR큐슈의 역장일 것이다.

상점가 상인부터 정부 관계자에 이르기까지 각 지역 도처에서 화제가 되는 역장도 적지 않다. 그런 역장들은 부탁받지도 않은 지역 모임이나 행사, 때로는 제초 작업이나 하수구 청소, 라디오 체조(라디오 방송에 맞춰 하는 체조—옮긴이)까지 여러 행사에 참여하여 사람들과 많은 이야기를 나눈다.

내가 외식사업을 맡고 있을 때 만난 어느 경영자는 매일마다 가게를 빠짐없이 돌아다니며 끊임없이 관계처에 얼굴을 내밀었다고 한다. 깊이 생각하고 부지런히 움직이는 리더의 구두는 금방 너덜너덜해지게 마련이다. 외식 관련 업무를 하면서 아무리 많은 시식과 시음을 해도 '배에 군살이 붙지 않는다'라고 말했다. 만약 마음에 군살이 붙기 시작하면, 몸에도 금방 나타나 결국 회사 실적에 불필요한 채무나 리스크가 발생한다.

리더는 부지런히 움직이고 주변 사람들과 이야기를 나누며 공부해야 한다. 구두가 금세 헤질 정도로 열심히 다니며 듣고 말해야 조직에도 생기를 불어넣을 수 있다.

기록은
기억보다 강하다

나는 메모광이다. 우리 회사 직원들에게도 메모광이 되라고 말한다. 그래서 우리 직원들은 회의를 하거나 외부 사람들을 만날 때 꽤나 부지런히 메모를 한다.

디테일한 메모가
지닌 힘

내가 메모광이 된 데는 남다른 사연이 있다. 예전 직원에 관한 이야기라서 부끄럽지만, 국철 시절의 마지막 근무지인 오이타에서 인사과장을 맡고 있을 때의 일이다.

아무래도 사내에서 부정한 일이 일어나고 있는 것 같다는 보고가 올라왔다. 현장 사원이 오래된 레일을 부정 유출하여 부당 이익을 취하고 있다는 것이다. 인사과장이라는 위치에 있었던 나는 문제의 사원을 불러 청문회를 열기로 했다.

청문회까지 열릴 될 정도로 부정 의혹이 꽤 확실했기 때문에, 그가 쉽게 죄를 인정하고 신속하게 일을 처리할 수 있을 것이라고 생각했다. 그런데 난항에 부딪혔다. 사건이 발생했다고 짐작되는 날짜에 관한 질문에 그가 상당히 논리적으로 하나하나 반박하기 시작했다. 세세하게 알리바이를 대며 결백을 주장하고 나섰다. 알고 보니 그 사원은 엄청난 메모광이었다.

몇 월 며칠에 무엇을 했는지 물으면, 그날 자신이 어디에 갔으며 무엇을 했는지 매우 구체적으로 답했다. 과거 행적을 구체적으로 적은 방대한 양의 메모가 남아 있었으니, 비록 그것이 거짓이었다 하더라도 세세하게 반박하는 게 쉽지 않았다. 결국 그의 거짓말이 탄로나 부정을 인정할 수밖에 없었지만, 다시 생각해도 꽤 까다로운 상대였다. 그리고 그의 무기는 메모였다. 이 사건은 메모의 힘과 효용 가치를 새삼 느낀 계기가 되었다.

물론 나도 메모의 효용은 꽤 많이 알고 있었다. 입사한 지 2~3년쯤 되었을 무렵 국철 본부의 야마노테선 관제실에서 반년 정도 근무했다. 당시 선배가 지령 내용과 대답 내용을 메모하라는 지시를 내렸다. 지령은 특히 열차 운행 시각에 문제가 생겼을 때, 역과 기관사가 상당히 빈번하게 주고받는다. 그것을 일일이 메모하지 않으면, 사고가 발생했을 때 지령을 내렸느니 안 내렸느니 하며 시시비비가 벌어진다.

회사 입장에서는 좋은 일이든 나쁜 일이든 입증할 수 없고, 자칫하면 잘못이 없는 개인이 큰 책임을 지게 될 가능성도 있다. 이처럼 무슨 일이 생겼을 때 메모는 증거가 될 수도 있고 무기가 될 수도 있다. 기록은 기억보다 강하다는 사실을 잊지 말자.

메모하는 습관이
성공하는 습관이다

그 사건을 겪으면서 나는 꽤 심한 메모광이 되었다. 회의에 참여할 때는 수첩에 한두 단어로 키워드나 고유명사를 시간 순서대로 기록한다.

회의가 끝난 뒤에는 도표를 만들기도 한다. 사무실로 걸려오는 업무 관련 전화 내용은 반드시 메모한다. 약속한 일을 잊어버리면 문제가 생길 수 있으므로, 내가 한 말도 적는다. 이때도 물론 핵심이 잘 드러나게 한두 단어로 압축해서 기록한다. 깊은 인상을 남긴 사람, 중요한 상대, 앞으로 자주 만나게 될 것으로 예상되는 사람에 대해서는 그 사람의 명함에 메모한다.

그런데 요즘 젊은 직원들에게서는 메모하는 모습을 찾아보기 힘들다. 자신의 기억력을 과신해서인지도 모르겠다. 실제로 뛰어난 기억력으로 위기를 극복하는 경우도 많으니 메모를 하지 않는 것이 아닐까. 하지만 이야기를 나누다 보면, 중요한 일을 잊어버리는 경우도 적지 않다. 그럴 때면 내 수첩을 보여주면서 메모를 강력히 추천한다.

메모는 젊은 시절부터 습관을 들여놓아야 한다. 가장 실천하기 쉽고 나중에 봤을 때 기억을 떠올리기 쉬운, 즉 자신에게 가장 잘 맞는 메모 방법을 찾아야 한다. 앞에서 말했듯이 나는 예전이나 지금이나 한두 마디의 키워드로 메모한다. 그 방법으로 메모한 20년 전 수첩은 지금 봐도 당시 기억을 선명하게 떠오르게 만든다. 그때의 장소와 회의 내용, 말한 사람의 표정, 당시 유행했던 것이나 주변 풍경 등 보물과도 같은 기억이 눈앞에 펼쳐지는 느낌이다.

별 볼일 없는 나 같은 사람이 이 나이에 이런 자리에 앉아 책까지 쓰게 된 것도 어찌 보면 젊은 시절부터 빽빽하게 메모해온 수첩 덕분이 아닌가 싶다. 그래서 나는 직원들에게도 "메모광이 돼라."는 말을 습관처럼 한다.

제4장

평범함을 특별함으로
바꿔주는 1% 디테일

소통이 잘 되면 사람도 기업도 술술 풀린다

10번의 회의보다
한 번의 만남이 낫다

"최근에 일어난 사고에 관한 대책을 모든 현장에 알려줬습니까?"

현장에서 사고가 발생한 후 한 달이 지난 뒤였다. 사고 직후 내 지시를 직접 받았던 부장은 자신만만하게 답했다.

"네, 모든 현장에 사고 대책에 관한 3장짜리 상세 자료를 배포했습니다."

그러나 실상은 그의 말과 달랐다. 나중에 현장을 돌면서 한 관리자에게 확인해보니 그는 사고 대책에 대해 제대로 이해하지 못하고 있었다. 이처럼 조직 내에서 뭔가를 제대로 전달하는 일은 그리 쉽지 않다. 전달하는 사람은 잘 전했다고 생각할지라도 전달받은 사람이 제대로 이해하지 못했다면, 그것은 잘 전달하지 못한 것이다. 그래서 나는 이런 말을 자주 한다.

"전달했더라도 제대로 전해지지 않았다면, 전달한 게 아니다."

전달 효과를 높이는 커뮤니케이션 기술

부하 직원에게 자신의 의견이나 중요한 지시사항을 전달할 때 상사는 어떤 점에 유의해야 할까? 나는 다음의 5가지를 중요시한다.

1. 자신의 언어로 말한다

창업자는 직원들에게 훈시를 하거나 사기를 북돋울 때 자신의 언어로 이야기해야만 한다. 리더가 자신의 언어로 말하면, 그의 생각은 사원들의 마음속 깊숙이 가닿을 수 있다. 그런데 회사가 성장하면 사장실이나 경영기획부에서 대신 메시지를 전해주는 일이 자주 생긴다. 그렇게 해서는 직원들의 마음을 움직일 수 없다. 리더에게는 자신만이 품고 느낄 수 있는 꿈과 위기감, 생각이 있다. 그것을 다른 사람들이 100퍼센트 이해하기는 어렵다. 그러니 직접 자신의 언어로 전달해야 한다.

2. 상대의 마음에 각인되는 말과 말투로 표현한다

'어떻게 하면 사람의 마음을 움직이고, 내가 생각하는 방향으로 타인을 이끌 수 있을까?' 그러려면 사람의 마음에 남는 말을 선택하고, 사람을 감동시키는 말투를 써야 한다. 누구든 처음부터 전달의 달인이 될 수는 없으니 쉽지 않은 일이다. 하지만 달인에 가까워지는 방법은 있다. 우선 정보를 받는 사람의 입장이 되어보자. 입장을 바꿔 어떤 말과 말투로 전달해야 마음이 움직일지 헤아려보면, 전달의 달인이 되는 길이 조금씩 보이기 시작할 것이다.

3. 정보의 폭을 좁힌다

정확한 정보 전달을 위해서는 불필요한 정보는 언급하지 않는 게 좋다. 한꺼번에 너무 많은 정보를 접하면 모두 흡수하기 어렵고 오히려 핵심이 흐려진다. 전달하는 사람은 꼭 전할 필요가 있는 핵심 정보만 추려서 전해야 한다. 불필요한 정보가 중요한 정보를 밀어낸다는 사실을 기억하자.

4. 반복해서 말한다

조직 안에는 다양한 정보가 넘쳐난다. 리더가 전달한 정보마저 그 많은 정보 속에 묻혀버릴 가능성이 있다. 그래서 리더는 자신의 꿈, 경영 방침, 핵심 전략 등 중요한 내용을 몇 번이고 반복해서 말해야 한다. 특정 방침에 대해 리더가 딱 한 번만 언급했다고 생각해보자. 리더의 생각을 제대로 이해하고 행동으로 옮기는 직원도 있지만, 그저 알고 있기만 하면 된다고 생각하며 행동에 옮기지 않는 직원도 있다.

반면 리더가 어떤 방침에 대해 반복해서 언급하면, 직원들은 리더가 그것을 얼마나 중요하게 생각하는지 파악한다. 그리고 '그저 알기만 하는 단계에서 행동하는 단계'로 나아간다. 이처럼 직원들은 리더의 말을 들을 때 진심인지 아닌지를 먼저 파악하고 난 후 행동할지 말지를 결정한다.

5. 2미터 이내에서 말한다

리더가 자신의 경영 방침이나 주요 전략을 한번에 많은 사람에게 전달할 때 가장 자주 쓰는 방법은, 관리자들이 한자리에 모이는 큰 회의를 주재하는 것이다.

하지만 현장 관리자에게 그 정보를 정확히 이해시키기 위해서는 한걸음 더 가까이 가서 이야기해야 한다. 현장을 돌아보며 현장 직원들과 직접 소통하는 게 중요하다. 가능하면 2미터 이내에서 얼굴을 마주한 채 이야기 나누는 것이 가장 좋다. 중요한 회의를 세 번 여는 것보다 단 한 번일지라도 2미터 이내의 가까운 거리에서 이야기를 나누는 편이 훨씬 더 메시지를 잘 전할 수 있다.

효과적으로 정보를
전달하는 법

중국과 백제의 선진 문물을 받아들여 불교를 부흥시키고, 일본 문화와 정치를 발전시킨 쇼토쿠 태자(6세기 말에서 7세기 초에 활약한 요메이 천황의 차남이자 정치가—옮긴이)는 "다른 사람의 의견을 들을 때 일곱 명까지의 의견은 재빠르게 이해하고 각자에게 적합한 대답이나 의견을 내놓았다."고 말했다. 주부가 냉장고에 들어 있는 식재료를 떠올릴 때도 기껏해야 7가지 정도가 가능하다고 한다. 현명하기로 소문이 자자한 사람도 일곱 명의 이야기를 듣는 것이 한계이고, 늘 냉장고에 들어 있는 재료를 확인해 저녁 메뉴를 생각하는 베테랑 주부도 순간적으로는 7가지 정도의 식품밖에 떠올리지 못한다.

그러므로 우리처럼 평범한 사람이 제대로 이해할 수 있는 정보량은 최대 7가지 혹은 그보다 적을 수밖에 없다. 특별한 기억법이 있지 않는 한. 만일 정보를 제공하는 역할을 맡게 되면, 가장 먼저 정보의 수를 줄여야 한다. 이것이 바로 '정보 전달의 달인'이 되는 지름길이다.

중요한 정보만
7개 이하로

"악화는 양화를 구축驅逐한다."

영국의 금융 전문가 토머스 그레셤이 제창한 '그레셤의 법칙'은 정보 전달 측면에서도 그대로 맞아떨어진다. '중요하지 않은 대량의 정보는 중요한 소수의 정보를 구축한다'고 말할 수 있다. 즉 아주 중요한 정보는 잘 전해지지 않는 반면, 몰라도 상관없는 정보는 금세, 그것도 아주 널리 퍼져 나간다. 선정적이고 부도덕한 요소가 포함된 정보일수록 더욱 그렇다.

회사에서도 이런 일은 자주 일어난다. 중요하지만 자극적이지 않은 정보는 좀처럼 널리 알려지지 않고 정착하지도 못한다. 반면 무의미한 가십 같은 소문은 퍼지는 속도가 상당히 빠르다. 그래서 중요한 정보를 전달할 때는 약간의 전략이 필요하다. 우선 중요한 정보만 선별하고, 정보의 수도 7개 이하로 줄인다.

사내 정보를 전달하는 수단은 대화, 회의, 문서, 인쇄물, 전자메일, SNS 등 다양하지만 우리 같은 철도사업 분야에서는 지금도 게시판이 사내 연락 수단으로 많이 활용되고 있다. 지극히 고전적이고 아날로그적인 이 방법은 정보의 본질을 잘 보여준다.

우리 회사 곳곳에는 게시판이 설치되어 있다. 역이나 열차 운행과 관련된 현장에 가보면 본사에서 내려온 운전 및 안전 관련 게시물이 게시판에 빽빽하게 붙어 있다. 그런데 과연 현장 직원들이 그렇게 많은 정보를 빠짐없이 읽고 내용을 제대로 이해하고 있을까?

너무 많은 정보는 아무것도 전해주지 못 한다

우리 회사의 경우 본사에서 내려온 게시물을 붙이는 임무를 맡고 있는 역장이나 기관사, 관리 조직의 장은 본사에서 받은 정보는 빠짐없이 직원들에게 알려야 한다고 생각한다. 전달해야 할 정보의 양이 점점 늘어나는 것이다. 그런 이유로 매우 중요하고 직원들이 반드시 알아야 할 것과 그렇지 않은 것이 혼재되어 있다. 이처럼 정보의 종류가 많으면 중요한 정보가 중요하지 않은 정보 속에 묻혀버린다.

정보 전달의 정의를 '수신자가 정보의 내용을 인지하는 단계까지'라고 생각한다면 이는 단순한 정보 '제공'에 불과하다. 대개의 전달자는 정보를 정확하게 이해하는 것만이 자신의 역할이라고 생각한다. 그것을 실행에 옮길지 말지 여부는 수신자의 의욕과 노력, 책임감에 달려 있다는 생각에 본사에서 받은 정보를 제공하는 것에만 신경 쓴다.

그들은 매일 연이어 내려오는 정보를 우선순위와 중요도를 고려하지 않은 채 그대로 게시판에 붙이기만 할 뿐이다. '이 게시판을 보고 이해하겠지? 그 내용대로 실행할 거야.' 이런 안일한 생각을 하면서 말이다. 하지만 앞서 언급한 것처럼 한 사람이 처리할 수 있는 정보의 양은 정해져 있다.

사장 시절, 현장 관리자들에게 "게시판에는 가장 중요한 정보 3가지만 붙이도록 하세요."라고 강조했다. 결과는 어땠을까? 본사에서 내려보낸 정보는 그 이전보다 훨씬 더 잘 전달되었다. 너무 많은 정보는 아무 것도 전해주지 못한다.

끌리는 것에는
아날로그의 손길이 있다

디지털 기기가 익숙한 탓인지, 요즘은 오히려 손으로 정성스럽게 쓴 글씨에 시선을 뺏길 때가 있다. 기업들 중에도 손으로 직접 쓴 편지로 남다른 영업력을 보여주는 곳이 있다. 노무라증권이 그중 한 곳이다.

노무라증권의 간부들은 고객을 만난 후 며칠 내에 손으로 직접 쓴 편지를 보낸다. 그것은 평범한 편지가 아니다. 옛날 무사들이 쓸 법한 두루마리 종이에 붓으로 쓴 편지다. 그 편지는 강렬한 존재감과 박력이 느껴져 감탄을 자아낸다.

노무라증권은 신입사원 연수 때, 직원들에게 외근을 나가 하루에 서른 명의 명함을 받아오라는 과제를 낸다. 그리고 그 서른 명에게 편지를 쓰게 한다. 그때 두루마리 종이에 붓으로 편지를 쓰는 방법을 가르친다. 노무라증권의 우수한 영업력의 원천은 '붓으로 직접 쓴 편지'인지도 모르겠다.

손으로 쓴 잡지가 인기 있는 이유

두루마리 종이와 붓을 사용하라는 철칙은 없지만, 우리 회사에도 손 글씨 문화가 있다. 내가 자주 자랑하곤 하는 《데쓰분》이다. 《데쓰분》은 JR큐슈 도쿄지사가 발행하는 월간지로 창간 이래 전국 무가지無價紙 전문점 등에서 발행되자마자 순식간에 동이 난 호號도 있을 만큼 큰 인기를 끌고 있다. 철도 여행을 좋아하는 철도 마니아뿐만 아니라, 나처럼 평범한 사람들도 많이 찾는다.

도쿄지사에는 한때 국토교통성에서 오랫동안 국회 담당자로 활약하다 온 지사장이 있었다. 공무 스타일로 일해왔을 거라 여겼는데, 의외로 회사에 잘 적응해 열정적으로 많은 아이디어를 냈다. 덕분에 그와 함께 일하던 지사의 젊은 직원들도 자극을 받아 '우리가 할 수 있는 일은 뭘까'라는 질문을 스스로에게 하기 시작했다. 그 질문에 대한 답을 찾은 직원 두 명이 만든 것이 바로 월간 정보지 《데쓰분》이다.

따뜻함과 정성이 담긴
손 글씨 효과

《데쓰분》을 제작할 때 두 사람은 철저하게 수작업을 고집한다. 컴퓨터를 사용하면 누구든 인쇄물을 만들 수 있는 시대지만 그들은 손 글씨로 만드는 잡지에 도전했다. 활자 매체의 홍수 속에서는 오히려 손 글씨가 독자들의 시선을 끌기 쉬우니, 회사에 대한 관심도를 높이는 데 효과적일 것이라고 생각했기 때문이다.

그런 생각으로 글씨는 물론 일러스트까지 색연필과 사인펜으로 직접 그린다. 전문 디자이너인 미토오카 대표의 붓터치와는 전혀 다른 목가적인 느낌으로 D&S Design and Story 열차를 표현한다. JR 큐슈 노선 주변의 명물이나 상점가에 대해서도 사람의 온기가 넘쳐나는 일러스트와 함께 읽기 쉽고 정성이 느껴지는 글씨로 설명하고 있다.

이처럼 《데쓰분》에는 만드는 이의 정성이 가득 담겨 있다. 이 정성은 고객들의 마음에 오롯이 전해지고, 고객은 그 정성의 가치를 한눈에 알아본다. 한 장짜리 무가지지만, JR큐슈라는 회사가 앞으로 나아가는 방식을 훌륭하게 표현하고 있다. 이러한 섬세한 콘텐츠는 서비스만큼이나 고객들의 마음을 사로잡는 요소가 된다.

《데쓰분》은 따뜻함과 정성이 넘치는 글씨와 그림으로 항상 성실을 추구하는 기업 이미지를 표현한다. 무엇보다 기계식 활자를 쓰지 않는 노력으로 더 진화된 홍보 방식을 선보인 셈이다. 그야말로 아날로그의 반격이다. 그리고 직원부터 고객까지 많은 사람에게 기분 좋은 경험을 선사하여 주변과 지역을 건강하게 만들고 있다. 물론 모든 정보 매체를 수작업으로 만들 필요는 없다. 다만 《데쓰분》의 수작업은 우리 회사가 추구하는 이미지와 잘 맞았던 것뿐이다.

2011년 여름에 창간된 《데쓰분》은 때때로 화제가 되어 〈니혼게이자이신문〉 등 주요 언론 매체에 소개되기도 했다. 2013년 12월에는 일본 프리페이퍼 부흥협회가 주관하는 '일본 프리페이퍼 대상 2013'에서 독자투표부문 1위에 오르기도 했다. 《데쓰분》은 지금도 JR큐슈 도쿄지사에서 성실하게 발행되고 있으며, 여러 미디어의 주목을 받고 있다.

생략할수록
메시지는 강해진다

2006년, JR큐슈의 종합기획본부 부본부장 겸 경영기획 부장에 임명되었을 때의 일이다. 나는 그때 사내 문서 작성 방식을 완전히 바꿨다. 당시 우리 회사 문서에는 철도회사답게 전문용어, 직위, 고유명사 등이 일시와 금액과 함께 마구 뒤섞여 있었다. 정보량이 너무 많아서 지나치게 장황했다. 결과적으로 중요한 정보가 제대로 전해지지 않고 있었다.

나는 먼저 서체부터 한눈에 들어오는 것으로 바꾸라고 지시했다. 명조체는 보존 문서에는 적절하지만, 빨리 전달해야 하는 문서나 프레젠테이션에서는 눈에 잘 안 들어온다. 그래서 일상적인 정보 전달 문서는 모두 고딕체로 바꾸었다. 어찌 보면 너무 사소한 데까지 신경 쓴다고 생각할 수도 있지만, 이 작은 변화가 사내의 정보 전달 문화에 미치는 영향은 상당히 크다.

문서는 고딕체로, 짧고 간단하게

리더는 중요한 사항을 효율적이고 신속하게 직원들에게 전해야 한다. 하지만 결코 쉬운 일은 아니다. 나는 젊은 시절부터 다양한 문서와 사보를 작성해 발행한 적이 있는데 그런 경험을 쌓는 과정에서 2가지 사실을 깨달았다.

- 중요한 문서일수록 간결하고 알기 쉽도록 만들어야 한다.
- 사람은 보고 들은 것을 쉽게 잊어버린다.

이 2가지는 지금도 입이 닳도록 강조하는 것이다. 문서 길이는 기본적으로 A4 용지 한 장을 추천한다. 중요하다고 생각할수록 사람은 자기도 모르게 말을 길게 늘어놓지만, 그것은 오히려 역효과를 부른다. 전하고 싶은 말이 있다면, 최대한 줄여서 쓰고 말하자. 말을 줄이고 정보를 생략할수록 메시지는 선명해진다.

100장의 문서보다 강력한
한 줄의 카피

규슈신칸센이 아직 형체도 없던 2003년, 프레젠테이션에서 있었던 일이다. '쓰바메'(일본어로 '제비'라는 뜻)라는 이름의 신칸센 디자인을 맡은 사람은 미토오카 에이지 대표였다. 규슈에 처음으로 신칸센이 달리기 시작하는 시기였기에 우리는 모두 의욕이 넘쳤다.

그런 분위기 때문이었을까. 프레젠테이션도 대부분 엄청난 양의 텍스트와 그림, 그래프 등이 빽빽하게 적힌 방대한 자료를 기반으로 진행됐다. 하지만 미토오카 대표는 달랐다. 슬라이드에 비춰진 것은 딱 한 줄이었다.

'움직이는 호텔'

미토오카 대표는 '움직이는 호텔'이라는 콘셉트 키워드에 따라 열차 구상에 관해 막힘없이 설명해나갔다. 참가자들은 조금 놀란 듯했지만, 그 이미지는 구체적으로 와 닿았다. 쓰바메는 나나쓰보시 같은 호화 열차가 아니다. 그렇다고 도카이도·산요 신칸센(도카이도 신칸센은 도쿄에서 신오사카를, 산요 신칸센은 신오사카에서 후쿠오카현 하카타를 연결하는 신칸센 — 옮긴이)처럼 별다른 노력을 하지 않아도 사람들이 몰려드는 주요 노선도 아니다.

그래서 우리는 타기만 해도 기분이 즐거워지는 신칸센을 만들어야 했다. 차별화된 매력이 필요했다. 미토오카 대표는 우리의 그런 생각을 커다란 고딕체의 글씨로, 그것도 딱 한 줄로 표현했던 것이다. 잘 생각해보면, 문서를 보기 좋게 정리하는 작업이나 글자를 잘 배치하여 이해하기 쉽고 한눈에 쏙 들어오게 하는 작업도 어떤 의미로는 디자인이라 할 수 있다.

미토오카 대표는 항상 디자인의 대전제는 정리와 정돈이라고 말한다. 나 역시 이 말에 전적으로 동의한다. 글자만 적힌 문서라도 정보를 전달하기 쉽게 디자인할 수 있다. 당장 오늘부터 문서를 작성할 때도 정리·정돈을 잘하여 알아보기 쉽게 고쳐보자. 물론 서체는 고딕체다.

브랜드 네이밍은
부모의 마음으로

'네이밍'은 사업의 콘셉트를 한마디로 표현하는 중요한 작업이다. 또 그 사업의 성패를 좌우하는 커뮤니케이션 도구이기도 하다. 그럼 한번 생각해보자. 세계 최고의 네이밍 달인은 누구일까? 정답은 바로 갓 태어난 아기를 마주한 부모다.

부모는 아기의 이름을 지을 때 그 어떤 일을 할 때보다 열심히 공부하고, 생각에 생각을 거듭하며 깊이 고민한다. 이름에 쓸 글자에 관해 온갖 관점에서 조사하고, 아이가 사회에 도움이 되는 좋은 사람으로 성장하기를 바라는 강한 소망까지 담고자 한다. 그 외에 성과 이름이 균형을 이루는지, 이름에 담긴 운세는 어떠

한지 등 여러 측면을 모두 따져본 뒤에야 이름을 결정한다.

이름은 사람의 인격 전체를 대표한다. 마찬가지로 브랜드명은 사업이나 상품의 콘셉트를 나타낸다. 그런데 제아무리 뛰어난 상품개발 담당자도 아이의 이름을 고민하는 부모의 열정을 이기기는 힘들다. 바꿔 말하면, 성공한 네이밍에는 갓 태어난 아이를 품에 안은 부모와 같은 정성과 애정이 담겨 있다는 뜻이기도 하다.

모든 부모는 네이밍의 달인

나는 상품 이름에 히라가나(한자의 초서체를 간략화해서 만든 일본 문자)를 쓸 때가 많다. 부드럽고 친근한 인상을 주고, 특히 한자보다 읽기가 쉬워 어린 아이들도 쉽게 접근할 수 있기 때문이다.

1989년부터 달리기 시작한 우리 회사 D&S 열차의 선구적 존재인 '유후인노모리'. 이 특급열차의 이름을 짓는 과정에서 과거 유후인由布院 온천과 유노히라湯平 온천 지역이 통합되면서 유후인湯布院이라는 새로운 마을이 탄생했다는 역사를 외면할 수 없었다. 고심 끝에 열차명에 들어간 유후인ゆふいん을 히라가나로 써서 두 지역의 역사를 동시에 존중하고, 세계적으로 사랑받는 고원리조트를 목표로 하겠다는 의지를 담아 '모리('숲'이라는 뜻의 일본어)'를 덧붙였다.

처음에는 이름이 너무 길다는 비판도 있었다. 하지만 나는 인기 있는 상품은 대부분 사람들이 줄여서 부른다는 사실을 알고 있었기 때문에 별로 걱정하지 않았다. 실제로 '유후인노모리'는 운행한 지 얼마 지나지 않아 '유후모리'라는 멋진 약칭을 얻었다.

'나나쓰보시'는 디자인을 담당한 미토오카 대표와 여러 시안을 두고 엄청난 고민을 했고, 여러 차례 협의 과정을 거쳐 겨우 얻은 이름이다. 이름이 확정된 이후에도 표기를 어떻게 할 것인지로 한동안 의견이 대립했다. '七つ星'와 'なな星' 사이에서 고민했지만, 결국 히라가나로 쓰는 안이 채택됐다.

노선 주변 마을에 사는 아이들이 잔뜩 들뜬 목소리로 "나나쓰보시다!"라고 외치는 모습을 보면, 쉽고 친숙한 히라가나로 쓰길 잘했다는 생각이 든다.

훌륭한 이름 없이
성공한 사업은 없다

"네이밍을 잘 하는 남다른 방법이 있나요?"

사람들은 내가 네이밍을 잘 하는 특별한 방법을 갖고 있다고 생각하는지 그 비결을 물어오곤 한다. 그럴 때마다 나는 "번뜩이는 아이디어로 멋진 이름을 짓는 비결이요? 끊임없이 생각하는 것입니다."라고 답한다. 내 답을 들은 사람들의 표정에는 실망한 기색이 역력하지만 경험상 그 방법이 최고다.

일본변호사협회 회장을 지냈고, 정리회수기구RCC에서 '헤이세이의 오니헤이'(이케나미 쇼타로의 시대소설 《오니헤이한카초》鬼平犯科帳의 주인공인 특수경찰 하세가와 헤이조의 별칭 ─옮긴이)로 뛰어난 실력을 보여준 나카보 고헤이 변호사가 말한 창의적인 아이디어를 떠올리는 법도 이와 비슷하다. 그는 생전에 "아이디어란 아무것도 하지 않을 때 갑자기 솟아나는 것이 아니라, 항상 생각하고 고민하며 계속 공부하다 보면 어느 순간 마그마처럼 분출하는 것이다."라고 말했다. 이때 마그마에 비유할 수 있는 것은 지속적으로 생각하는 행위 자체다.

미토오카 대표는 열차 혹은 사업 네이밍이 결정되면, 그때까지 멈춰 있던 손을 갑자기 움직여 구체적인 디자인을 하드는 데 몰두한다. 그는 종종 "디자인은 말로 만들 수밖에 없다."라는 말을 한다. 바꿔 말하면, 훌륭한 이름 없이는 훌륭한 사업도 상품도 만들어질 수 없다는 뜻일 것이다.

하나의 사업이 많은 사람의 사랑을 받아 성장하기를 바라는 마음은 마치 부모가 아이의 미래에 행복과 행운이 가득하기를 바라는 마음과 같다. 사업체의 규모가 크든 작든 상관없다. 자식의 이름을 짓듯 정성을 다해 고심에 고심을 거듭해서 네이밍 작업을 해보자.

문제의 파도는
도망치는 자를 덮친다

"그 가게는 직원 교육을 안 시킵니까? 덮밥에 이물질이 들어 있었어요. 그런데 제대로 사과도 하지 않더군요. 거스름돈을 주는 태도도 불쾌했다고요!"

외식사업부 부장 시절, 하카타역에서 운영하던 규동집에 관한 한 통의 불만 전화가 걸려왔다. 주변에서 들어보니, 그 고객은 하카타역 근처 빌딩에서 사무실을 운영하고 있었는데 우리 직원들 사이에서는 까다롭고 무섭기로 소문난 손님이었다.

전화상으로도 상당히 화가 난 상태임을 알 수 있었다. 어쩔 도리가 없었다. 하지만 혼자 가기는 무서워서 마침 같이 있던 과장을 데리고 그 고객을 찾아갔다. 사무실에 남아 있는 직원에게 "한 시간이 지나도 안 돌아오면, 경찰에게 연락 좀 해줘요."라는 말을 농담 반 진담 반으로 남길 정도로 걱정이 앞섰다.

사과는 빠를수록 좋다

"JR큐슈에서 왔습니다만….'

사무실에 도착해 떨리는 마음으로 노크를 했다.

"뭐라고요? JR큐슈라고요?"

상대방은 무척 놀란 기색이었고 심지어 화를 냈다. 하지만 일단 사무실에 들여보내줬다. 그 후 무슨 이야기를 나눴는지는 자세히 기억나지 않는다. 가까이 마주 앉아 내가 계속해서 사과한 기억밖에 없다. 하지만 어느 순간부터 그 손님의 언성이 낮아졌고, 말투도 점점 부드러워지는 게 아닌가.

"당신들도 참 힘들겠군요."

그 말을 듣자마자 이제야 대화다운 대화를 할 수 있게 됐다는 생각이 들었다. 그날뿐만 아니라, 나는 문제를 해결하러갔다가 서로의 개인사로 이야기꽃을 피우고 올 때가 많았다. 문제가 발생했을 때 가장 먼저 해야 할 일은 사과의 전화를 걸거나 메일을 보내는 것이 아니다. 직접 만나러 가야 한다. 사안이 심각하다면 그 즉시 만나야 한다. 내 경험상 그렇게 해서 문제가 잘 해결되지 않은 적이 없다.

메일이나 전화 뒤로 숨지 마라

그 고객의 사무실에서 사과를 하던 그때, 문득 고개를 들다가 책장에서 나카무라 덴푸의 책을 보았다. 그는 '기 철학'으로 유명한 사상가다. 물론 나도 그의 책을 몇 권 읽어봤고 그의 사상을 좋아한다.

"나카무라 덴푸를 좋아하시는군요."

"당신도 좋아합니까? 그럼 이 책을 드리지요. 가지고 가세요."

사과하러 갔는데 선물까지 받다니…. 사실 이와 비슷한 일이 종종 있었다.

이처럼 문제가 발생했을 때, 사태의 본질을 파악한 후 바로 해야 할 일은 현장에 혹은 상대방이 있는 곳까지 재빨리 찾아가는 것이다. 그것은 상대방의 입장을 헤아리는 마음을 그대로 표현하는 행동이다. 전화나 메일로만 처리하려는 행동이 가장 좋지 않다. 직접 찾아가지 않고 문제를 수습하려는 태도는 사과나 문제 해결에 미온적인 듯 보이기에 오히려 역효과를 낸다.

상대방에게 분노의 불씨가 남아 있는 한 찾아가 얼굴을 보이지 않으면 상대방의 화는 가라앉지 않는다. 얼굴도 보이지 않고 커뮤니케이션을 하는 것은 상대방에게 화를 낼 여지를 계속 주는 것과 같다.

2미터 이내에서는 화내기 어렵다

우리 회사는 철도사업뿐 아니라 다양한 사업을 펼치고 있다. 그러다 보니 회사 직원들은 역이나 레스토랑, 여객선의 매표소, 공사 현장 등에서 클레임을 걸거나 화내는 사람을 마주해야 할 때가 적지 않다. 철도 이외의 신규 사업을 개척하는 임무를 띠고 다양한 업종에 도전할 때마다 초심자나 다름없던 우리 직원들에게는 피할 수 없는 문제였다.

나는 그런 사람들의 분노에 대처하기 위해 맨손으로라도 지체 없이 상대방을 만나러 가는 것을 우직하게 실천하고 있다. 그런 경험이 쌓이다 보니 분노에 찬 사람과 친해져서 돌아오는 특별한 재주도 생겼다.

참고로 하카타역 앞에서 일하는 그 무서운 고객이 덴푸 선생의 책을 준다고 하여 책값을 주겠다는 나와 필요 없다는 그 사이에 옥신각신 말씨름이 벌어지기도 했다. 하지만 그때는 이미 서로의 얼굴에 미소를 띠고 있었다.

나는 상대방을 만날 때 2미터 이내의 거리까지 다가가길 권한다. 눈을 맞추고 당당하고 힘 있는 목소리로 이야기하면 대부분의 문제는 해결할 수 있다. 무슨 문제가 생겼을 때 등을 돌리거나 남을 탓하지 말고, 큰 파도에 맞서는 배처럼 정면으로 부딪히는 태도가 필요하다. 그러면 최소한 뒤집히지는 않을 것이다. 난국은 반드시 타개할 수 있다. 대신 당당한 자세로 가까이 다가가야 한다.

요즘은 직접 만나거나 전화로 이야기하기보다 무슨 일이든 메일로 처리하려는 경향이 있다. 하지만 여전히 직접 얼굴을 마주 보며 서로의 목소리를 들어야 이룰 수 있는 일이 더 많다. 메일로는 가시화를 하기 어렵고, 무엇보다 '기'를 전할 방법이 없다. '메일보다 2미터!'를 꼭 기억해두길 바란다.

한번 더 강조하자면, 문제가 생겼을 때는 그 즉시 상대를 만나러 가라. 만나서 눈빛과 얼굴을 마주하고 문제가 해결되지 않은 적은 없다. 이는 내가 오랜 경험을 통해 얻은 지혜다. 실제로 2미터 이내에서 서로 얼굴을 마주하고 있으면 계속 화내고 있기가 더 어렵다.

맡기려면 끝까지
맡겨라

경영자로서 나만의 원칙 중 하나가 '우수한 인재는 빨리 리더 자리에 앉힌다'이다. 사장까지는 아니더라도 프로젝트나 조직의 리더 자리를 맡긴다. 그러면 우수한 능력뿐만 아니라 책임감도 생기고, 머지않아 활력 넘치게 일하며 역량을 발휘한다.

자신의 임무를 이해하고 시각을 넓혀 그 조직의 꿈을 스스로 그릴 수 있게 된다. 그래서 나는 종종 신규 사업에 에이스를 투입해야 한다고 말한다. 그것은 유리처럼 금방 깨질 에이스가 아니라 '단단한 내공을 지닌 진정한 에이스로 성장시키는 방책'이기도 하다.

팀원을 진정한
에이스로 만드는 법

우수한 인재는 미지의 사업에서 새로운 도전을 받을 때 오히려 자신을 더 단단하게 단련시킨다. 무엇보다 나 자신이 그런 경험을 여러 번 해왔다. 입사 2년째 됐을 무렵 노사 간 교섭 자리에서 조합을 상대하는 담당자로 지명됐다. 입사한 지 2년밖에 안 된 사원에게 무엇을 맡길 수 있었겠는가. 내 역할은 그저 그들이 규탄하는 소리를 듣기만 하는 것이었다.

당시에는 상당히 걱정하고 불안해했지만, 별일 없이 무사히 나의 임무는 끝이 났다. 누구도 경험한 적 없는 신규 사업의 책임자가 느끼는 압박감은 베테랑 조합원들의 질책보다 더하면 더했지 덜하지는 않았다.

입사한 지 10년이 지나니 차장이나 과장 자리에 앉아서도 실질적으로는 프로젝트 리더로서 여러 중임을 맡는 기회가 종종 생겼다. 그 당시 리더로서 내가 겪은 고생과 불안감 그리고 그 끝에 맛보는 성취의 기쁨은 나의 큰 자산이 되었다. 그런 경험을 했기에 나는 점점 더 신규 사업에 뛰어난 사원을 투입하여 많은 부분을 믿고 맡길 수 있게 됐다.

경영자의 가치를 보여주는 말 중 최고는 '한번 해봐라'일 것이다. 유명 주류회사 산토리의 창업자 도리이 신지로의 유명한 말로, 그 뒤에 '해보지 않으면 모른다'가 덧붙는다. 나 역시 무슨 일이든 시도해봤다. 해보고서 알게 된 것도 많다.

그래서 사람을 투입하면 상당 부분을 믿고 맡긴다. 그 직원들에게서는 감사의 인사도 자주 받았다. 고맙다는 말을 하면서도 이런저런 고민이 많았을 것이다. 상당한 고뇌를 품고 있으면서도 다른 사람에게는 더없이 행복하다는 듯 밝은 표정을 내보인 직원도 있을 것이다.

신뢰를 주면 신뢰로 답한다

한 직원에게 일을 맡기면, 대부분의 경우 나는 '운명에 맡긴다'는 말이 과장이 아닐 정도로 전적으로 맡긴다. 사내 인사뿐만 아니라 회사 밖의 사람에게도 마찬가지다. 일을 맡겨놓고 시시콜콜 참견하고 못미더워 계속 잔소리를 하면 잘 되던 일도 안 되게 된다.

나나쓰보시가 세상에 공개되기 일주일 전, 나는 전체 모습을 보지 못한 채 그날을 맞았다. 공사 일정이 아슬아슬했고, 전문 기술자들이 여러 파트에 전속되어 담당하는 방식으로 진행되고 있었다. 디자인과 설계를 담당한 미토오카 대표조차 모든 것을 파악하기 힘든 상황이었다.

기술자들은 하루 작업을 마무리할 때마다 작업한 부분을 양생

해둔 뒤 퇴근했다. 각 파트를 담당한 기술자와 관계사만이 진행 상황을 아는 경우가 많았다. 그러니 감독 역할을 한 미토오카 대표 역시 거의 마지막 순간까지 확인할 수 없는 부분이 상당히 많을 수밖에 없었다.

하지만 우리 둘 다 조바심을 내지 않았다. 나는 그에게, 그는 각 파트의 기술자들에게 일을 맡겼고 그들을 믿었다. 나나쓰보시를 완성하기까지는 수많은 난관이 있었지만, 그것을 극복해나가면서 우리의 신뢰 관계는 더 공고해졌다. 그 비결은 끝까지 믿고 맡겼기 때문이며 믿음은 믿음으로 응답해왔다.

모두가 알고 있듯이 나나쓰보시는 훌륭하게 완성되었다. 게다가 그 결과물의 수준은 기쁨에 찬 탄성을 자아낼 정도로 우수했다. 미토오카 대표는 "마지막 순간까지 믿고 맡겨주셔서 정말 감사했습니다."라고 말했다.

나나쓰보시는 내가 해온 여러 가지 일들을 집대성한 결과물이기도 하지만, 우수한 인재들을 믿고 중요한 업무를 끝까지 맡기는 나의 방식을 집대성한 성과물이라고도 할 수 있다.

제5장

데이터가 이기지 못할
경험의 세상

성공하는 마케팅 전략은 고객 마음속에 있다

때로는 경험의 지혜가
빅 데이터를 이긴다

거리를 걷다 보면, 종종 간판이나 포스터에서 강렬한 시선이 느껴질 때가 있다. 그 기운에 이끌려 고개를 돌려보면, 유명 배우의 웃음 띤 얼굴 혹은 귀여운 강아지나 고양이의 표정이 눈에 들어온다. 순간 한 가지 아이디어가 뇌리를 스친다.

누군가가 나를 보는 것 같은 느낌이 들면, 우리는 자신도 모르게 그쪽으로 눈길이 간다. 그래서 나는 회사의 광고 포스터나 간판을 만들 때, 카메라를 바라보듯 시선을 정면에 두고 있는 연예인이나 동물의 얼굴을 넣는 걸 선호한다.

오프라인 매장의 포스터나 인터넷상의 배너 광고, 아니면 다양한 월간지의 표지를 한번 떠올려보자. 그중 상당수가 인기 있는 연예인이나 모델을 기용하고 있으며, 그들 대부분은 정면을 응시하고 있다.

빅 데이터보다 중요한
나의 경험

프로젝트를 진행할 때마다 나는 내가 좋아하는 것이나 머릿속으로 그리고 있는 이상을 구체적인 형태로 만들어왔다. 나 자신 혹은 가까운 이들을 떠올리며 대규모 프로젝트에 도전해왔다. 대부분의 사람들은 프로젝트를 진행할 때 불특정 다수의 의견, 즉 빅 데이터 분석을 통해 기획 방향을 정하곤 하는데 나는 좀 다르다. 빅 데이터에 의존하지 않는다. 외식사업에 열정을 쏟던 시절, 내가 고안한 식당 메뉴는 모두 내가 먹고 싶은 음식들로 구성했다.

철도사업 분야에서도 많은 D&S 열차를 세상에 선보였지만, 사실 나는 철도나 열차를 특별히 좋아하는 편은 아니었다. 그런 내가 철도사업을 한다는 사실을 알면 철도 마니아들은 실망할지도 모르겠다. 그렇다면 철도 마니아가 아닌 나는 어떤 관점으로 새로운 열차를 만드는 걸까? 정답은 '내가 평범한 고객이 되어 타고 싶은 열차, 나에게 기대감과 즐거움을 주는 열차'를 만든다. 나나쓰보시가 바로 그 대표적인 성과라고 할 수 있다.

싱가포르와 방콕 사이를 달리는 세계적으로 유명한 호화 열차 '이스턴&오리엔탈 익스프레스'에 탔을 때의 일이다. 시장조사를 목적으로 탄 열차 안에서 나는 아무 생각 없이 멍하니 차창 너머 펼쳐지는 인도차이나 반도의 웅장한 풍경을 바라보고 있었다. 잠깐이었지만 더할 나위 없이 여유롭고 만족스러운 시간이었다. 그렇게 혼자만의 시간을 만끽하고 있는데 승무원이 수시로 내 객실 문을 두드렸다.

"춥거나 덥지는 않으신가요?"

"커피 드시겠어요?"

"디저트를 드릴까요?"

세계적인 호화 열차에서 근무하는 승무원들은 틈날 때마다 고객과 소통하기 위해 애쓰고 있었다. 평소 같으면 개인적인 시간을 방해하지 말아 달라고 이야기했을지도 모르지만, 그때는 왠지 기분이 좋았다. 그런 디테일한 서비스를 경험한 뒤, 우리 열차의 서비스와 관련해 새로운 아이디어도 얻을 수 있었다.

개인적인 경험에서 뭔가 아이디어가 떠오르면, 주변에 있는 친구나 직원 몇 명의 의견을 듣고 생각을 정리한다. 그런 과정을 통해 숙성된 아이디어가 다양한 사업으로 진화했고 성공을 거두었다. 그래서 나는 빅 데이터보다 나의 경험에서 얻은 생각과 신뢰할 수 있는 주변 사람들의 소수 의견을 중요하게 여긴다.

뛰어난 경영자가
가져야 할 자질

미토오카 대표도 나와 비슷한 방식으로 아이디어를 얻는다. 그는 세계 곳곳에서 아름다운 색채를 채집하여 더 좋은 디자인을 창출하려고 노력해온 사람이다. 그래서 거리 풍경이나 각종 상품을 볼 때도 대개 그런 시선으로 바라본다. 물론 마음에 드는 색이나 디자인을 찾는 일은 아주 드물다고 한다.

그는 2,000여 가지의 색을 구분할 수 있는 눈과 감성으로 우리와 함께 수많은 열차와 시설을 만들어왔다. 사람들에게 감동을 주는 마케팅을 추구한다는 의미에서는 나와 같은 입장이지만 나보다 더 까다롭고 엄격하게 자신의 경험과 감성을 중시한다.

1950년대 초반, 일본 소매업 경영자들이 미국의 유통 시스템을 조사하러 간 적이 있었다. 미국의 슈퍼마켓 운영 노하우를 배울 목적이었다. 약 20명의 참가자가 미국 곳곳에 있는 슈퍼마켓을 둘러봤고, 그중 몇몇은 처음 보는 광경에 감탄하며 일본에 돌아가 자기 사업에 적용해보겠다고 다짐했다.

그런데 그 몇 명을 제외한 대부분의 경영자들은 아무런 감동도 받지 못했다. 심지어 일본에서는 슈퍼마켓 사업이 성공하지 못할 것이라며 관심조차 두지 않았다. 당시 일본의 유통업은 손님과 얼굴을 보고 소통하면서 이루어졌다. 그러니 큰 매장에 수많은 상품을 진열해놓고 자기 손으로 직접 상품을 가져와 계산대에서 한꺼번에 돈을 지불하는 셀프 서비스 방식이 통할 리가 없다고 생각한 것이다.

결국 미국의 방식이 일본에서 통했는지 아닌지는 굳이 여기서 설명하지 않겠다. 그때 미국의 유통 방식에 감동한 사람 중에는 누구나 다 아는, 일본을 대표하는 슈퍼마켓을 성공시킨 경영자도 있다. 이처럼 똑같은 것을 보고 경험해도 그 결과는 전혀 다르다. 기존의 데이터에 함몰되지 않고, 새로운 것에 순수하게 감동하는 마음, 늘 다르게 생각하는 자세를 잃지 않아야 한다.

뛰어난 경영자들의 공통점은 자신의 경험과 깨달음을 통해 본질을 꿰뚫어보는 능력이 있다는 점이다. 물론 빅 데이터를 활용한 기획과 마케팅을 부정하는 것은 아니다. 빅 데이터의 훌륭한 효용 가치에 대해서는 중국의 알리바바 그룹을 언급하면서 조금 더 상세히 설명할 예정이다. (249쪽 참조)

내가 강조하고 싶은 것은 자기 자신에 대한 믿음을 바탕으로 자신이 좋아하고 즐기는 것, 호감을 느끼는 것을 비즈니스에 적용해보는 전략도 중요하다는 점이다. 그것이 바로 '통찰'이다.

고객의 마음을
읽는 데서 시작하는 마케팅

사람은 어떤 순간 가장 분노할까? 타인에게 무시당하거나 멸시 당할 때일 것이다. 그럼 어떤 순간 가장 기뻐할까? 누군가 자신의 존재를 인정하고 소중하게 생각해줄 때다. 이 두 경우 모두 '타인 에게 존재를 인정받느냐 아니냐'가 중요한 포인트다.

고객을 대할 때
주목해야 할 3가지

우리 같은 서비스업계에서는 고객이 우리의 존재 가치를 좌우한 다. 그래서 고객에 대한 정확한 이해와 세심한 배려가 성공의 열쇠라 할 수 있다. 그 성공의 열쇠를 손에 넣기 위해서는 다음의 3 가지에 주목해야 한다.

1. 고객의 '존재'를 인지한다

식당 입구에서 손님들이 들어올까 말까 고민 중이라고 해보자. 그들을 가게 안으로 들이려면 어떻게 해야 할까? 가장 쉽고도 효과적인 방법은 큰 소리로 "어서오세요!"라고 말하는 것이다. 이때 점원의 '어서오세요'라는 인사는 고객의 존재를 알아차리고, 그의 방문을 진심으로 환영한다는 뜻을 전하는 중요한 수단이다.

외식사업 분야에서 홀 매니저는 점원들과 같은 일을 해서는 안 된다. 식당 앞에서 누구보다 먼저 고객의 존재를 알아차리고, 진심 어린 인사와 미소로 그들을 불러들이는 것이 홀 매니저의 가장 중요한 임무다.

2. 고객의 '행동'을 이해한다

점장이나 매니저가 식당 앞에 있던 고객의 존재를 재빨리 인지하고 웃는 얼굴로 환영 인사를 한 후 고객을 가게 안으로 불러들인 다음엔 무엇을 해야 할까? 그 후엔 홀에서 일하는 직원이 고객의 '행동'에 최대한 주의를 기울여야 한다.

어느 더운 여름날, 한 손님이 자리에 앉자마자 컵에 담긴 물을 단숨에 마셨다고 하자. 이 손님은 지금 심한 갈증에 시달리고 있음을 알아채고, 손님이 말하기 전에 물통을 들고 테이블로 가야 한다. 호텔리어라면 어떻게 해야 할까? 고객이 커다란 캐리어를 끌고 들어오면 바로 그 사람이 숙박객임을 눈치 채고, 가까이 다가가 그를 체크인 데스크로 안내해야 한다.

승차권 발매기 앞에 서서 주위를 두리번거리는 나이 지긋한 고객을 본다면 어떻게 해야 할까? 역무원이라면 그가 표 구매하는 법을 몰라 난처해하고 있음을 알아채고, 재빨리 그 고객에게 다가가야 한다. 행선지를 물은 후 표 구매하는 법을 알려주거나 경우에 따라서는 본인이 대신 해줄 수도 있다. 이때 시종일관 미소를 잃지 않는 것은 기본이다.

고객의 행동은 뭔가를 알려주는 신호다. 그 신호를 알아차려 고객이 원하는 것을 미리 제공해 한 발 먼저 고객에게 다가가는 자세가 중요하다.

3. 고객의 '기분'을 파악한다

고객의 기분을 파악하는 일은 쉽지 않다. 지금 무엇을 원하는지, 어떻게 해야 만족시킬 수 있을지 등에 관해 상상력을 발휘해야 하기 때문이다. 그래서 꽤 어려운 일이다. 하지만 마음가짐을 조금만 바꾸면 의외로 쉽게 답이 눈에 보일 때가 많다. 고객의 입장이 되어 생각하면 지금 내가 무엇을 해야 하는지가 보인다. 지금 자신이 고객의 입장에 서서 고객과 같은 상황에 처해 있다고 상상해보자. 직원이 무엇을 해주면 가장 기뻐하겠는가?

고객의 기분까지 파악하는 5성급 호텔

해외의 5성급 호텔이나 호화 열차는 고객의 기분을 알아차리는 방법을 제대로 알고 있다. 체크인한 직후부터 시간대마다 객실 담당자가 찾아온다.

"고객님, 차를 드릴까요?"

"고객님, 실내 온도는 어떠신가요?"

"고객님, 불편한 점은 없으신가요?"

이런 행동은 모두 고객의 기분을 살피기 위해 하는 것이다. 이런 세심함은 호텔과 호텔의 직원들이 고객을 매우 신경 쓰고 있으며, 최상의 서비스를 제공하겠다는 의지를 전달해준다. 고객의 기분을 파악하는 것은 사소한 일 같지만, 서비스업계에서는 가장 중요한 일이기도 하다. 고객의 기분을 읽고 그에 맞는 서비스를 제공하는 방법을 체계화시킬 수 있다면 이는 뛰어난 마케팅 전략이 될 수 있다. 브랜드 가치 또한 한층 올라갈 것이다.

소중한 잠재 고객,
아이들에게서 힌트를 얻어라

철도 마니아들 중에는 나를 미워하는 이들이 있을지도 모르겠다. 그들의 의향을 전혀 반영하지 못하는 열차만 만들어왔기 때문이다. 다시 말해 우리의 타깃은 철도 마니아들이 아니다. 그렇다면 우리는 어떤 고객을 염두에 두고 다양한 사업을 펼쳐왔을까?

우리 회사의 사업은 대부분 아이들을 타깃으로 한다. 아이들을 위한 관광 열차 '아소BOY'는 차창 너머로 펼쳐지는 아소 지방의 풍경을 서부극의 장면처럼 인식하여 증기기관차를 모티브로 삼았다.

아마 철도 마니아들은 국철 시대의 증기기관차를 충실하게 재현하기를 바랐을 것이다. 하지만 나는 전혀 다른 선택을 했다. 증기기관차는 어디까지나 서부극의 이미지를 떠올리게 하려고 활용한 것일 뿐, 국철 시대의 상징이라 할 수 있는 열악한 서비스를 다시 재현하고 싶은 생각은 추호도 없었다.

아이들을 통해 시장의 현재와 미래를 읽다

아소BOY의 타깃 고객은 아이들과 그 가족이었다. 아소BOY뿐만 아니라 JR큐슈의 D&S 열차는 모두 아이들이나 여성 고객을 타깃으로 한다. 예전에는 나도 철도 마니아들을 위한 각종 기념 승차권을 기획하기도 했다. 그래서 유명한 아리타 도자기 장인에게 의뢰하여 상당한 고가의 특별 티켓을 만든 적도 있다. 내심 대성공을 거둘 것이라고 확신했지만 결과는 정반대였다. JR큐슈도 나도 국철 시대를 그리워하는 철도 마니아들이 점차 줄어들고 있다는 사실을 깨닫지 못했던 것이다.

여러 번의 실패 경험을 통해 한 가지 확실하게 알게 된 점이 있다. 규슈 관내의 핵심적인 철도 마니아들은 1,000명 정도에 불과하다는 사실이다. 어떤 수단을 써도 그 이상의 매출을 올릴 수는 없다. 그러니 철도 마니아를 타깃으로 하는 기획은 대부분 적자를 기록할 가능성이 높다.

이후 나는 우리가 목표로 삼을 고객은 철도 마니아가 아니라 규슈 각지에 살고 있는 가족 단위의 고객임을 깨닫고, 그들을 타깃으로 한 사업 전략을 수립했다. 고객을 마니아층으로만 한정하면 시장을 넓히는 데 여러 가지 제약이 생긴다. 하지만 아이들은 어떤가. 그들이 성장하면 훗날 주요 고객층이 될 수 있기에 아주 소중한 잠재 고객이라 할 수 있다. 이런 이유로 아이들에게 즐거움을 선사하는 열차를 만드는 것은 아주 중요한 전략이다. 현재뿐 아니라 미래에 대한 투자이기도 하기 때문이다.

브랜드를 위해 포기해야 하는 것

우리 열차의 주요 타깃이 아이와 가족들이긴 하지만 나나쓰보시에는 13세 미만 아이들은 탈 수 없다. 아이들이 활기차게 뛰어다니는 차내에서는 나나쓰보시에서만 경험할 수 있는 최고 수준의 서비스를 고객에게 완벽하게 제공하기 힘들기 때문이다. 그래서 안타깝지만 우리가 목표로 하는 브랜드 성격을 유지하기 위해 어려운 결정을 내렸다.

한편 앞으로 청소년기를 거쳐 성인이 될 아이들에게는 '언젠가 꼭 한번 타보고 싶은 열차'로 인식되기를 바란다. 아이들이 커서 직업을 갖고 자기 힘으로 많은 것을 이루어낸 뒤, 다음 목표 대상이 우리의 호화 열차가 되기를 기대해본다.

비록 나나쓰보시는 어린아이들이 타지 못하는 열차지만 그 외 철도사업에서의 고객 유치 힌트 대부분은 아이들에게서 얻고 있다. 아이들이 좋아하는 서비스는 가족 모두에게 사랑받고, 노년층 고객들에게도 분명 만족감을 줄 수 있다. 무슨 사업이든 마니아만을 타깃으로 해서는 안 된다.

제6장

열차가 달리는 현장에서
발견한 승자의 비밀

정말 이기고 싶다면 공존과 상생의 길을 모색하라

몸으로 체득해야
내 것이 된다

내가 철도사업 부문으로 왔을 때, JR큐슈는 남에게 의지하거나 맡겨둘 수 없는 운명에 처해 있었다. 국철 분할 민영화 시절, 신칸센과 야마노테선이라는 상품 가치가 큰 노선을 손에 넣은 JR히가시니혼, JR도카이, JR니시니혼 등 혼슈의 JR 3사와는 전혀 다른 상황이었다.

우리의 힘으로 고객과 지역, 우리 자신에게 최선의 길을 찾아 사업에 매진하지 않으면, 국철 분할 민영화로 넘겨받은 적자 노선과 함께 도산할 운명이었다. 그래서 나는 신규 사업을 진행하면서도 외부 업체나 사람들에게 의지하지 않고, 하나부터 열까지 모두 우리 힘으로 직접 하는 것을 기본 방침으로 삼았다.

직접 하면
몸에 각인된다

철도회사 직원들이 부동산 관련 업무에서 외식업까지 한 번도 해보지 않은 생소한 분야에 도전해서 하나하나 이루어나갔다. 식당의 점장직을 맡아 분투하고, 선박사업 쪽에서는 10년 정도의 시간을 필요로 하는 선원 자격 취득에도 도전해서 결국 성공했다. 나 역시 본사로부터 하나의 사업부를 독립시켜 회사로 만들었다.

전혀 아는 게 없는 사업부에서 일하는 동안, 우리는 나름대로 우리 손으로 '직접 만드는' 일에 매진하면서 그 의미가 얼마나 큰지 깨달을 수 있었다.

그 당시 상사들이 너무나 대수롭지 않게 "직접 해보면 어떻겠나?"라는 말을 해서 가끔은 원망스러울 때도 있었다. 하지만 그 제안을 받아들인 덕분에 지금까지 정말 다양한 경험을 했고 탁월한 성과를 낼 수 있었다. 지금이니까 할 수 있는 말이지만, 정말 기특하게도 스스로를 단련시키며 여기까지 잘해왔다고 생각한다.

이런 과정을 거치면서 JR큐슈는 아웃소싱을 쉽게 하지 않는 사풍이 생겼다. '우리 스스로 할 수 있는 일은 가능한 한 우리 손으로 한다.' 이것은 내가 경영진이 되기 전부터 표방해온 모토이며,

현재는 직원 모두와 공유하고 있는 기본 방침이다. 2012년에 발표한 중기경영 계획의 타이틀은 '만들자 2016'이었다. 주식 상장을 위해 서서히 희미해지고 있는 '만들기' 정신을 상기시키고자 하는 의지를 나타낸 것이다.

국철이라는 조직에도 이점은 있다. 예전에는 국철 공장에서 만들지 못하는 것은 없다는 말도 있었다. 하지만 JR이 된 이후로는 평준화, 합리화의 명목 아래 꽤 많은 아웃소싱이 이루어졌다. 그 때문에 언젠가부터 '만들기' 정신이 훼손되어가고 있었다. '만들자 2016'은 그런 상황을 바꾸고 싶은 바람을 담은 중기경영 계획이었다.

스스로 하면 성과와 기쁨이 커진다

나는 '만들다'라는 말을 좋아한다. 이 말을 입 밖에 꺼내는 것만으로도 투지가 끓어오르고 아이디어가 마구 샘솟는다. '만들다'라는 말은 형태가 있는 물건이나 제품을 제조하는 일만 가리키지 않는다. 형태가 없는 기획이나 프로그램도 만들 수 있다. 무에서 유를 창조하는 것이다. 내가 해온 일들을 살펴보면, 참 많은 것을 만들었음을 알 수 있다.

먼저 하타카와 오이타를 연결하는 특급열차 사업을 펼칠 때는 유후인의 지식인들과 머리를 맞대고 열차의 이미지에 대해 고민했다. 그렇게 만든 결과물이 바로 '유후인노모리'다. 선박사업에서는 규슈와 한국을 잇는 선로를 한국철도공사와 함께 만들었다. 그리고 고속선의 이미지를 미토오카 대표와 함께 구상하여 '비틀'Beetle이라는 배를 만들었다.

외식사업에서는 카레와 야키토리(일본의 닭꼬치 요리)를 직접 만들기를 권했다. 영업부장 시절에는 대형 광고 대리점이 제안한 텔레비전 광고 아이디어가 마음에 들지 않아 직원들에게 직접 구상해보도록 지시한 적도 있다. 생각해보니 나 역시 평직원 시절, 광고 대리점의 제안이 그다지 신통치 않다고 여긴 사장이나 상사에게 '직접 해보라'라는 말을 종종 들었다.

우리 회사와 관련된 것은 우리 손으로 만든다. 그러면 우리가 하는 일을 객관적으로 바라보며 분석의 기회를 얻을 수 있으며, 자사의 상품에 더 많은 애정을 가질 수 있다. 뭐든 스스로 만드는 것을 전제로 그런 사고방식을 조직에 정착시키면, 직원들은 어떤 상황에서든 필요한 것을 자기 손으로 만들고자 노력한다.

참고로 '만들자 2016'의 2016은 도쿄증권거래소 1부 상장의 목표 기한을 정한 것이었다. 언젠가 상장되겠지, 라는 마음으로 멍하니 있으면 안 된다. 기한을 정해두고, 그때까지는 반드시 상장하겠다는 분위기를 먼저 조성해야 한다. 물론 처음 시작할 때는 외부 전문가를 감수자나 교육자로 초빙해야 한다. 하지만 끝까지 외부에 맡긴다고 생각하는 사람과 머지않아 곧 자신들의 손으로 직접 해야 한다고 생각하는 사람은 결국 성과에서 큰 차이를 보인다.

우리 회사는 예전에 '안전 창조 운동'을 실시한 적이 있다. JR큐슈의 제3대 사장인 이시하라 스스무 사장 시절, 전 직원이 여기에 동참했다. 안전은 '지키는 것'이 아니라, 구성원 한 명 한 명이 스스로 '만든다'라는 강한 의지를 바탕으로 한 운동이었다. 안전에 대한 적극적인 마음가짐은 철도뿐만 아니라, 모든 업무와 사업으로 이어져 직원들의 사기를 북돋아주었다.

이렇게 뭐든 스스로 해보면 일하는 즐거움이 커지고 아울러 성과로 이어져 적절한 이익도 얻게 된다. 미래의 직원들에게는 경험을 물려주고, 미래의 고객들에게는 새로운 감동을 선사한다.

편안함을 좇지 않는다. 공 들여 노력하고 끊임없이 새로운 것을 만들어낸다. 이것이 바로 우리가 앞으로 나아갈 수 있는 힘이다.

우리가 살고 싶은 마을을
기차로 옮기다

'우리가 하는 모든 일은 좋은 마을을 만드는 것으로 이어진다.'

언제부터인가 나는 이런 생각을 하게 되었다. 우리가 하는 철도사업, 선박사업, 외식사업, 농업 등 이 모든 일은 좋은 마을을 만드는 일과 같다.

예를 들어 나나쓰보시를 떠올려보자. 호화 열차라고 불리는 나나쓰보시 여행은 사실 이상적인 마을에서 사는 삶을 표방하고 있다. 우리가 살고 싶은 마을을 기차에 옮겨놓은 것이다. 다시 말해 나나쓰보시는 달리는 마을인 셈이다.

좋은 마을의
10가지 조건

좋은 마을을 만들기 위해서는 어떤 노력을 해야 할까? 내가 생각하는 좋은 마을은 아래의 10가지 항목을 고루 갖춘 마을이다.

- 안전하고 안심할 수 있는 마을
- 걷는 즐거움이 있는 마을
- 식사와 쇼핑이 즐거운 마을
- 꿈이 있는 마을
- 지역공동체 의식이 있는 마을
- 전달력이 있는 마을
- 이야기가 있는 마을
- (정리, 정돈, 청소를 포함한) 디자인이 뛰어난 마을
- 지속적으로 진화하는 마을
- 주민 스스로가 즐거운 마을

가장 먼저 '안전'과 '안심'에 대해 고민해야 한다. 이는 좋은 마을이 갖추어야 할 가장 기본 요소다. 안전이 보장되지 않는 지역은 머무르거나 살 수가 없다. 무엇보다 재해나 전염병 발생 같은 문제는 사람의 힘으로는 어쩔 도리가 없다. 그래서 재해나 전염

병에 대한 예방 체제가 마련되어 있는지, 만약 그런 일이 발생한 후에는 신속하고 효과적으로 대처할 수 있는 역량이 있는지 살펴봐야 한다.

두 번째 항목인 '걷는 즐거움'도 빼놓을 수 없다. 걷는 즐거움이 있는 마을이라면, 주민과 방문자들 모두에게 유쾌한 경험을 선사해줄 것이다. 반대로 아무리 걸어도 즐거움을 찾을 수 없다면 주민들에게 매력이 떨어지고, 방문자들의 기억에도 남지 않는다.

세 번째 항목인 '식사와 쇼핑'은 너무나 기본적인 사항이다. 네 번째로 '꿈'은 좋은 마을을 만들고자 하는 사람들이라면, 반드시 기억해야 할 요소다. 꿈이 없는 마을은 사람들의 공감을 얻기 어렵다. 마을 만들기에 열정을 다하는 사람들도 즐겁지 않을 것이다. 꿈은 그 지역이 지향하는 바를 명확히 보여준다. 즉 활동의 방향성을 정한다.

다섯 번째로 '지역공동체 의식'은 바로 이 '꿈'을 전제로 한다. 활동의 방향성, 다시 말해 꿈이 있으면 그 꿈을 이루기 위해 무엇을 해야 하는지 알 수 있다.

마을에도 이야기가 필요하다

여섯 번째로 언급한 '전달력'은 말처럼 쉽지는 않다. 좋은 마을을 만들고자 노력하는 사람들은 종종 "우리 마을은 인지도가 낮아. 홍보가 부족해."와 같은 푸념을 늘어놓는다. 이런 불평은 대부분 틀렸다. 홍보를 거의 하지 않아도 다카치호 지역의 민박 시설에는 아시아인들이 몰려든다. 별다른 판촉 활동 없이도 니시아자부 주택가에 있는 선술집에는 멀리서도 많은 사람이 찾아온다.

중요한 것은 알맹이, 즉 '콘텐츠'다. 그 지역에 매력이 없으면 아무리 광고해도 사람들은 오지 않는다. 반대로 홍보에 그다지 힘을 쏟지 않아도 그 지역에 재미있는 이벤트가 열리면 사람들은 알아서 찾아온다. 전달력이란 홍보를 얼마나 하는지 의미하는 것이 아니다. 그 지역의 매력 자체가 광고이며, 지역의 존재 자체가 전달 매체다.

일곱 번째 항목인 '이야기'는 일반 상품을 만들 때도 필요하지만 마을을 만들 때도 빼놓을 수 없다. 스테디셀러 상품은 제작 스토리에서 시작해, 소비자와 사용자를 거치면서 계속해서 새로운 이야기가 생겨난다. 그 상품이 어떻게 탄생했는지, 어떻게 소비자 사이에서 유행하게 되었는지, 어떻게 애용되고 있는지 등 많은 이야기가 스테디셀러 상품의 매력을 끌어올린다.

이처럼 자기만의 이야기를 갖고 있는 상품에는 깊이가 느껴진다. 소비자는 그 상품에 담긴 이야기를 즐긴다. 그래서 마을을 조성할 때도 이야기는 빼놓을 수 없는 중요한 요소다. 그 지역이 많은 사람에게 오랫동안 사랑받기 위해서는 수많은 이야기가 저절로 생겨나 그 지역의 행보와 동행해야 한다.

여덟 번째로 '디자인'은 어떤 목적을 가진 '기능'과 '외관상의 아름다움'을 모두 갖추도록 종합적으로 설계하는 것을 뜻한다. 좋은 마을을 만들어 번성하게 하려면, 그 지역 사람과 방문객 모두에게 만족감을 주는 디자인을 개발해야 한다.

마을을 만들 때는 정리, 정돈, 청소부터

자신의 집에 중요한 손님을 초대할 때 우리는 그 손님을 어떻게 맞이할지 설계, 즉 디자인을 한다. 안내장은 어떻게 할지, 집까지 오는 약도는 필요 없는지, 무슨 요리를 준비할지, 어떤 옷을 입을지, 첫 인사는 어떻게 할지 등 고민이 깊어진다.

그런데 이러한 계획을 실행하기 전에 반드시 선행해야 할 것이 있다. 바로 '정리, 정돈, 청소'다. 현관과 방에서부터 마당까지 철저하게 정리 정돈하고 깨끗하게 청소해야 한다. 마을을 새롭게 조성할 때도 제일 먼저 곳곳을 정리 정돈하고 청소하는 것이 중요하다. 그러면 어떻게 디자인해야 할지 방향이 보인다.

나나쓰보시를 디자인한 미토오카 대표에게 역의 디자인을 의뢰했을 때, 그는 제일 먼저 역 청소부터 시작했다. 그는 이렇게 말한다. "디자인은 정리, 정돈, 청소에서 시작된다."

아홉 번째 항목인 '지속적인 진화'는 이벤트와 음식에 대한 설명(218쪽)을 할 때 자세하게 다룰 예정이다. 마지막으로 '주민 스스로가 즐거운 마을'은 사실 마을을 조성할 때 소홀히 하기 쉽지만 결코 간과해서는 안 되는 부분이다.

좋은 마을을 만드는 일은 정신적인 피로도가 큰 작업이다. 육체적으로도 꽤 힘들지만 심적으로도 힘들다. 그런 시련을 이겨내고 작업을 지속하려면 주민들 스스로가 즐거운 마음으로 임해야 한다. 그러기 위해서는 주민들이 좋아하는 것을 적용해야 한다. 우리가 하는 모든 일이 이와 같다. 구성원 스스로 참여하고 적극적으로 활동해야 지속적인 발전이 가능하다.

철도사업은 지역 주민들의 삶과 밀접한 연관이 있다. 그래서 우리가 하는 일은 마을을 만드는 일로 이어지고, 마을이 발전하면 우리 사업 또한 발전한다.

낙서도 훌륭한
디자인이다

나는 종종 뭔가를 스케치하는 버릇이 있다. 불현듯 머릿속에 떠오르는 아이디어를 쓱쓱 그리고 간단한 글도 남겨둔다. 앞서 메모의 중요성을 강조했듯이 언제든 사용 가능하도록 항상 주머니에 수첩과 펜을 넣어 다닌다.

상대방과 대화를 하다 보면 내 이야기가 어쩐지 잘 전해지지 않는 느낌이 들 때가 있다. 그럴 때 그림을 그리거나 글씨를 써서 보여주면 말로 할 때보다 더 정확하고 효율적으로 의견이 전달된다. 그래서인지 나는 손을 움직이면 좋은 일이 생긴다는 믿음을 갖고 있다.

그림으로 해결한
오이타역의 문제

2015년 4월, 새롭게 문을 연 'JR오이타 시티'를 중심으로 한 오이타역 주변 재개발에 관한 협의를 이어나갈 무렵에도 나의 스케치는 중요한 역할을 했다.(148쪽 참고) 복합 빌딩 디자인을 의뢰받은 미토오카 대표는 나에게 생각하고 있는 이미지가 있는지 물어왔고, 나는 재빠르게 그림을 그려서 보여줬다.

오이타는 국철 시절 내가 인사과장으로 일했던 근무지로, 배운 것도 많고 추억도 많은 특별한 장소다. 특히 역의 북쪽과 남쪽 모습이 상당히 다르다는 점이 아주 인상적인 역이다.

현재 오이타역 주변은 일찍이 가톨릭 신자 다이묘인 오토모 요시시게(1530~1587년, 오토모 소린으로도 알려졌다—옮긴이)가 다스린 조카마치(성을 중심으로 발달한 도시—옮긴이)였다. 역의 북쪽은 옛날 성내城內에 해당하는데 근현대에 이르기까지 소위 도시의 얼굴로 자리매김했다.

반면 역의 남쪽은 성 밖에 해당한다. 내가 부임했던 시기에는 꽤나 어둡고 한적한 인상을 주는 지역이었다. 게다가 남쪽에서 북쪽의 옛 성내로 가려면 역에서 멀리 떨어진 건널목까지 돌아가야 했다. 사실상 역을 기준으로 남북으로 나뉘어 있었다. 이러한 오이타역의 '남북 문제'를 해결하고, 역 주변을 활성화하기 위해서는 역과 선로를 고가화해 그 아래에 길을 만드는 것이 가장 좋은 방법이었다.

"그럼 새로운 시설을 어떤 이미지로 구상하고 디자인해서 만들어야 할까요?" 미토오카 대표의 물음에 나는 순간적으로 파리의 개선문과 비슷한 느낌의 그림을 스케치했다. 선로의 왕래를 차단하지 않으면서 그 아래에 남북으로 통하는 길을 뚫는 것이었다. 이 모든 것을 가능하게 하는 유럽풍 디자인의 멋진 역을 만들고 싶었다.

스케치가 그대로 현실이 되다

"정말 멋지군요! 최고예요! 이미 만든 것이나 다름없습니다."

내 스케치를 본 미토오카 대표의 반응은 예상을 뛰어넘어 아주 긍정적이었다. 그는 형식적인 인사치레나 상대방의 비위를 맞추는 말을 하는 사람이 아니다. 진심이 바로 표정에 드러나는 사람이다. 그 때문에 나는 지금껏 몇 차례나 욱하고 치밀어 오르는 감정을 느끼기도 했다.

여하튼 미토오카 대표가 기뻐하는 모습은 예상치 못했던 장난감을 선물받은 어린아이의 모습을 연상케 했다. 사업의 동기가 되는 과제를 해결하고, 콘셉트와 디자인이 양립할 수 있는 아이디어가 그렇게 빨리 나온 적은 없었다고 그는 말했다.

'남북을 잇는 고가화, 마을을 활성화하는 길, 유럽풍의 디자인.' 내가 별 생각 없이 그린 그림은 이 모든 요소를 갖추고 있었다. 참고로 오토모 요시시게의 성은 프란시스코 사비에르가 일본에 왔을 때 가장 마지막에 머물렀던 곳이다. 스페인 선교사 사비에르의 출생지, 사비에르성이 나의 스케치와 닮아 있었다.

오이타역은 나의 스케치와 매우 유사하게 완성되었다. 남쪽과 북쪽이 자연스럽게 이어졌으며, 규슈에서 하카타 다음으로 두 번째로 큰 규모의 복합형 역 시설이 세워져 번화한 장소로 탈바꿈했다. 역 빌딩에 있는 사장실에는 지금도 나의 낙서(스케치)가 액자에 담겨 걸려 있다. 이제는 좀 창피한 생각이 들어서 누군가가 그것을 내려줬으면 좋겠는데, 오이타역의 중요한 기록물이라 하니 그저 감사하게 생각한다.

지역과 손잡고
달리는 열차

좋은 마을을 만드는 가장 중요한 요소는 무엇일까? 바로 '이벤트와 먹거리'다. 이는 지역 경제 활성화에 큰 힘이 된다. 인기 있는 이벤트와 명물 요리를 경험하기 위해 많은 사람이 찾아오면, 마을은 점점 더 번성한다.

삿포로의 대표 이벤트, 요사코이소란 축제

'매년 사람들이 찾아오게 만드는 이벤트를 열 수 없을까?'

'우리 지역을 대표하는 먹거리는 무엇일까?'

'이벤트와 먹거리 중 무엇이 더 중요할까?'

마을 활성화에 관심을 갖기 시작한 사람들이 가장 먼저 생각하는 것이 바로 이벤트와 지역 대표 먹거리 개발이다. 나는 인기 이벤트와 대표 먹거리 둘 다 만들어야 시너지가 난다고 생각한다. 오래전부터 이어져 내려온 전통 행사를 기반으로 한 이벤트와 그 지역이 발상지라고 여겨지는 먹거리, 이 2가지가 함께 활성화돼야 지역 축제가 명물로 자리매김할 수 있다. 지역의 역사가 20~30년밖에 안 되었다고 해도 상관없다.

JR큐슈오엔타이에 참가했던 삿포로의 '요사코이소란 축제' 역시 만들어진 지 30년이 채 안 된다. 1992년 6월, 홋카이도대학교 학생이 고치현의 '요사코이 축제'와 홋카이도의 민요 '소란부시'를 융합한 이벤트를 기획하여 제1회 '요사코이소란 축제'를 개최했다. 그해 참가팀은 모두 10팀이고 참가자는 약 1,000명, 관객은 약 20만 명이었다.

첫 번째 대회는 '삿포로 눈 축제'와 비교하면, 관객 동원이 10분의 1 정도에 그치는 수준이었다. 아주 소규모의 이벤트로 출발했다. 당시 삿포로를 대표하는 이벤트인 '삿포로 눈 축제'는 매년 2월에 200만 명 이상의 관객을 동원하는 큰 이벤트로 명성을 떨치고 있었다.

'요사코이소란 축제'의 경우 그 시작은 미약했으나 매년 6월에 지속적으로 개최한 결과, 2001년 제10회 대회는 참가팀이 408팀, 참가자는 약 4만 1,000명을 기록했으며, 관객은 201만 명을 넘겼다. 지금은 겨울에 열리는 '삿포로 눈 축제'와 어깨를 나란히 하는 삿포로의 대표적인 여름 축제로 자리매김했다.

지역 축제를
100만 명의 이벤트로

매년 설에 열리는 '나가사키 랜턴 페스티벌'도 주목할 만하다. 지금은 JR큐슈의 캠페인에도 빠뜨릴 수 없는 대형 이벤트지만, 그 역사는 불과 20년 정도다. 원래는 나가사키 차이나타운 사람들이 중국의 춘절을 기념하기 위해 연 행사였는데, 1994년부터 논의를 시작해 행사 규모를 확대했다.

페스티벌이 열리는 약 2주간, 대략 1만 5,000개에 달하는 형형색색의 랜턴(중국의 제등)과 크고 작은 오브제가 마을 전체를 장식해 환상적인 분위기를 연출한다. 지금은 나가사키의 겨울 풍물로 전국에 이름을 알려, 매년 100만 명이 넘는 사람들이 찾아온다.

이러한 이벤트 못지않게 지역 명물 요리도 마을 활성화에 큰 영향을 미친다. 센다이를 대표하는 음식은 규탄(소의 혀로 만든 요리)이다. 전쟁 직후 센다이의 야키토리 음식점이 규탄 메뉴를 개발한 것이 그 시작이었다. 그 후 규탄을 취급하는 가게가 점점 늘어나

1990년 즈음부터는 센다이의 대표 음식이라는 이미지가 전국적으로 정착되었다.

우쓰노미야의 교자(중국식 만두)도 지금은 전국적으로 유명하다. 지금은 연간 약 80만 명이 교자를 맛보기 위해 우쓰노미야에 몰려든다. 전국 각지의 자치단체가 주최하는 이벤트에서도 가장 주목받고 있다. 우쓰노미야 교자는 지역의 특산 요리가 마을 활성화를 성공시킨 모범적인 사례라고 할 수 있다.

삿포로, 나가사키, 센다이, 우쓰노미야 등 이 도시들은 이벤트와 먹거리를 매개로 마을 활성화를 꿈꾸며, 백지 상태에서 시작해 지금은 전국적으로 이름을 떨치고 있다. 이들 도시에는 2가지 공통점이 있다. 바로 '지속과 진화'다.

지속하면 힘이 생긴다. 그런데 지속하기 위해서도 힘이 필요하다. 또 다른 공통점은 끊임없는 진화다.

제7장

본질에 충실할 때
상승하는 디테일의 가치

철학과 영혼이 있는 기업의 미래는 다르다

리더는 결단을 내리는
사람이다

2011년 3월 12일. 규슈신칸센 가고시마 루트가 드디어 개통을 맞이했다. 1973년, 신칸센 철도정비법에 따라 '정비신칸센'으로 계획·결정된 이후, 38년의 시간이 지나 전 구간을 개통하게 된 것이다. 앞서 2004년에 구마모토현 '신야쓰시로~가고시마추오' 구간이 부분 개통된 후, '하카타~신야쓰시로' 구간이 개통됨에 따라 '하카타~가고시마추오' 구간은 약 1시간 19분이면 통과할 수 있게 되었다.

연선沿線에 사는 주민들뿐 아니라, 국철 시대부터 이 사업을 위해 애써온 선배들과 옛 직원들은 환호성을 터뜨렸다. 철도사업본부 영업부장으로 부분 개통에 참여했고, 사장 자리에 앉아 전 구간 개통을 지켜본 나는 그 환호성에 응답하지 않을 수 없었다. 리더는 기회를 놓치지 않고 결단을 내리는 사람이다. 그래서 나는 우리만의 인간미와 따뜻한 감성이 넘치는 텔레비전 광고를 기획하기로 했다.

주민들과 함께 만든 감동의 텔레비전 광고

전 구간 개통까지 대략 2개월이 남았을 즈음, 거의 매일 실제 구간에서 시험 운행이 평균 2~3회 시행되고 있었다. 개통을 20일 정도 남긴 2월 20일, 시험 운전을 하는 열차 중 하나를 골라 광고 촬영을 하기로 결정하고 연선 주민을 중심으로 출연자 모집 공고를 냈다.

모집 대상은 전 구간 개통을 함께 축하해줄 약 1만 명의 시민이었다. 그들은 시험 운행으로 달리는 신칸센을 향해 각자 개성이 넘치는 의상과 도구, 플래카드 등 온갖 수단을 동원해 손을 흔들며 성원을 보내면 된다. 당시 떠올린 이미지는 인기 영화 〈슬럼독 밀리어네어〉의 마지막 장면에 나오는 인도영화풍의 댄스와 유사했다.

촬영 당일에는 신칸센 차내에 대기하고 있던 무비 카메라 5대,

스틸 카메라 4대를 중심으로 하늘과 지상에서 총 50대 정도의 카메라가 그 모습을 촬영하기로 했다. 웹사이트를 통해 사전 참가 신청을 받았으나 응모 상황은 그저 그런 편이었다. 촬영 당일 최종 참가자가 얼마나 될지 마음 졸이며 기다려야 했다.

2월 20일 당일, 시험 운행하는 신칸센이 가고시마추오역을 출발하자 믿을 수 없는 광경이 펼쳐졌다. 선로 주변의 도로, 광장, 강변 둔치, 학교, 아파트 등 여기저기를 가득 메운 시민들이 각자 개성 있는 의상과 소도구를 준비해서 밖으로 나와 격렬하게 손을 흔들고 있는 게 아닌가.

선생님들과 사전에 이야기를 나눴는지 교복이나 동아리 유니폼을 입은 학생들도 눈에 띄었다. 치어리더팀, 프로레슬링을 하는 사람, 결혼식 의상을 입은 신랑 신부의 모습도 보였다. 수영장에 꽃과 풍선을 가득 띄워놓기도 하고, 아파트에 대형 현수막을 걸어놓기도 했다.

모두가 더없이 즐거워 보여 열차 안에 있는 우리는 웃음을 멈출 수가 없었다. 동시에 코끝이 찡해오면서 눈물이 흘렀다. 나 역시 흘러내리는 눈물을 주체할 수가 없었다. 카메라팀도 조용히 촬영을 하고 있었지만 모두가 눈물을 글썽였다. 달리는 열차의 차창 너머로 각양각색의 사람들이 저마다의 방식으로 환영하는 모습이 스쳐지나갔다.

우리의 예상은 완전히 빗나갔다. 모집 인원은 1만 명이었지만 내심 몇 천 명 정도 참여하지 않을까 싶었는데, 막상 뚜껑을 열어 보니 2만 명 정도의 시민이 모인 것이다. 신칸센 촬영이 있다는 말을 듣고, 급하게 뛰쳐나와 깜짝 놀랄 만한 코스튬 플레이와 연출을 보여준 능력자도 많았다. 무대 장식도 대본도 없는 광고. 그 기획이 오히려 더 큰 효과를 발휘했다. 인도풍의 댄스를 운운하던 사전 이미지를 훨씬 뛰어넘는 놀랍고도 신선한 최고의 광고가 탄생했다.

포기도 하나의
용기 있는 선택이다

규슈신칸센 전 구간 개통을 하루 앞둔 2011년 3월 11일. 개통식이라는 큰 무대를 맞이하기에 앞서, 당일 출발식에서 사용할 연설문도 작성했고 축하연의 최종 확인 보고까지 받았다. 그날 오전 나는 사장실 의자에 앉아 항공자위대의 곡예비행팀 '블루 임펄스'의 멋진 에어쇼 예행연습을 떠올리며 겨우 한숨 돌리고 있었다. '저녁에 이발소라도 다녀올까'라는 생각을 하고 있었던 것 같다. 그런데 갑자기 운수부運輸部 사원이 뛰어 들어왔다.

"도호쿠에 큰 지진이 발생했습니다!"

지진 발생 직후인 오후 2시 46분경이었다. 나는 바로 텔레비전을 켰다. 하지만 방송국에도 아직 들어온 정보가 거의 없는 듯 보였다. 놀란 기색을 가라앉히고 하던 일을 계속했다. 그런데 3시 30분이 지났을 무렵, 텔레비전 화면에 엄청난 피해 상황이 나오고 있었다. 예상을 훨씬 넘어서는 믿기 어려운 광경이 화면을 가득 채우고 있었다. 멀리 떨어진 도호쿠 지역에서 우리 국민들이 엄청난 재난과 사투를 벌였다.

다음 날인 3월 12일은 오래전부터 준비해온 기념비적인 날이었다. 1973년부터 38년간 모든 규슈 사람들이 애타게 기다리던 신칸센의 전 구간을 개통하는 날이었다. 개통식도 3년 전부터 엄청난 시간과 비용, 노력을 들여 준비해왔다. 하지만 그대로 진행해서는 안 되겠다는 생각이 들었다.

국가적 재난이 발생했는데 웃는 얼굴로 행사를 진행할 자신이 없었다. 곧바로 임원들을 불러 모아 다음 날로 예정된 개통식을 비롯해서 모든 이벤트를 중지하라고 지시했다. 임원들 중에는 난색을 표하는 사람도 있었다. 이날을 위해 전력투구해온 지자체에서도 불만과 걱정을 토로했다. 하지만 나는 단호하게 '이것은 해서는 안 될 일'이라고 말했다. JR큐슈를 위해서도, 규슈를 위해서도, 일본을 위해서도 그대로 진행하면 안 된다는 생각이 강하게 들었다.

그날 오전 무렵, 예행연습을 한 '블루 임펄스'는 규슈신칸센 개통을 축하하기 위해 멀리 미야기현에 있는 항공자위대 마쓰시마 기지에서 규슈까지 와줬다. 마쓰시마 기지 자체도 상당한 피해를 입었을 텐데, 항공자위대는 오히려 불러준 데 대한 감사의 뜻을 전해왔다.

고작 사흘 동안(3월 9일에 시작해 11일 저녁까지 방영됨) 방송된 텔레비전 광고에 협력하고 출연해준 이들도 모두 JR큐슈의 광고 중지 결단을 지지해줬다. 그들에게 받은 은혜를 조금이나마 갚게 된 것은, 같은 해 열린 '칸 국제광고제'의 아웃도어 부문에서 우리 광고가 금상을 수상하면서였다.

모두가 엄청난 무력감에 휩싸였던 시간이었고 나 역시 힘든 결정을 내리기 위해 고통스러운 시간을 보냈다. 하지만 이날은 리더가 내리는 결단의 무게를 깊이 깨닫는 잊지 못할 하루였다. 이 경험은 훗날 리더로서 중대한 결정을 내려야 할 순간마다 나를 지탱하는 힘이 되어주었다.

리더는 평생의
스승이 되어야 한다

외식업 부문의 점장들 중에는 아르바이트생들의 이직이 너무 잦다며 한숨짓는 이들이 많다. 하지만 음식점에서 일하는 아르바이트생이 모두 단기간에 그만두는 것은 아니다. 분명 외식업, 소매업이 겪는 채용난은 해마다 심각해지고 있지만, 아르바이트생이나 파트타이머 근로자가 한 음식점에 정착해서 일하는 경우도 적지 않다.

그들이 오랫동안 일하는 가게를 살펴보면 공통점이 있다. 바로 초기 교육을 상당히 중시한다는 점이다. 아르바이트생과 마찬가지로 사원 교육도 처음이 중요하다.

리더가 직접 하는
초기 교육의 중요성

누구나 입사 직후에는 의욕이 충만하다. 스스로 노력해 입사한 회사이므로, 최선을 다해 일함으로써 인정받고 싶은 열정이 넘친다. 그럴 때일수록 엄격하게 가르쳐야 한다. 그러면 쉽게 포기하거나 그만두지 않는 믿음직한 직원으로 성장할 수 있다.

반대로 아무 기술도 없는 사람을 초기에 치켜세우기만 하면 나쁜 결과를 초래한다. 한동안 듣기 좋은 말로 우쭐하게 만들어놓고는, 내실 없이 연차만 쌓였다며 엄하게 굴어봤자 이미 늦었다. 오히려 역효과만 불러와 최악의 경우에는 직원이 그만두는 상황을 맞게 된다. 예전에 큰 도움을 받은 외식산업의 전문가들도 이와 같은 지적을 했다. 외식업도 철도사업과 마찬가지로 안전과 고객 응대가 생명이다. 그러니 특히 초기에 엄격하게 가르쳐야 한다.

사원들은 업무를 시작할 때부터 엄격하고 정확하게 가르치는 선배를 '평생의 스승'으로 여긴다. 병아리가 태어나 가장 먼저 본 동물을 어미로 생각하고 따르는 것처럼, 후배는 가장 먼저 가르쳐준 선배의 말을 평생 기억한다. 그래서 초기 교육은 우수한 사원에게 맡겨야 한다. 즉 반드시 리더가 초기 교육을 담당해야 한다.

모든 것은 처음이
중요하다

현장의 책임자, 부서의 관리자, 조직 규모에 따라서는 사장이 해야 할 수도 있다. 리더가 올바르게 가르치고 지침을 제시해줄 수 없다면, 그 조직은 이익 면에서나 상품의 품질 면에서나 크게 기대할 것이 없다. 안전조차 보장받기 힘들다.

내가 입사했을 당시, 국철은 현장에 신입사원이 배치되어도 역장은 그들에게 초기 교육을 하지 않았다. 부역장에게 맡기거나 노동조합의 간부에게 시키기도 했다. 결과적으로 철도 조직은 직장 규율이 흐트러지고, 인간관계는 비뚤어졌으며, 서비스는 열악한 데다 사고마저 자주 발생하는 참담한 상황을 맞았다.

국철 분할 민영화가 이루어지고 JR큐슈가 발족한 지 얼마 지나지 않은 시점에, 나는 역장들에게 반드시 초기 교육을 실시하라고 강조했다. 철도 이외의 사업에서도 조직 관리자나 현장 책임자에게 사원 혹은 아르바이트생의 초기 교육은 리더가 직접 시행하라는 지시를 내렸다.

교육은 처음이 가장 중요하며, 리더가 직접 해야 한다. 이것을 철저하게 지킨 조직은 규율이 바로잡히고, 인간관계도 양호하며, 안전하고 우수한 서비스를 제공하는 회사로 성장할 수 있다.

기대치를 높이면
그만큼 성장한다

리더라면 누구나 직원이나 조직이 일정 수준 이상의 성과를 내길 기대한다. 직원과 조직도 리더의 기대와 목표에 도달하기 위해 최선을 다해 노력한다. 그런데 그 기대 수준이 그다지 높지 않으면, 자신의 능력을 기껏해야 그 수준까지만 향상시키려고 한다. 반대로 기대 수준이 비교적 높은 편이면, 그 수준에 다다르기 위한 공부와 훈련에 더 많은 열정을 쏟는다.

큰 기대를 받을수록 더 열심히 노력한다. 물론 불만을 늘어놓으며 거부감을 표시하는 사람도 있지만, 대개는 자신이 가진 능력 이상을 발휘하고자 노력한다. 능력뿐만 아니라 업무 성과도 마찬가지다. 성과는 미리 정한 목표에 끌려가는 법이다. 목표를 어느 수준으로 설정하느냐에 따라 직원들과 조직의 노력도는 달라진다. 그래서 리더는 기대 수준과 목표치를 낮게 잡으면 안 된다.

높은 기대치가 사람을 성장시킨다

나는 직원들에게 어느 동화에 나오는 도둑 이야기를 조금 각색해서 자주 들려준다. 오랜 세월 도둑으로 살아온 남자가 결국 붙잡혀 형무소에 들어갔다. 간수가 물었다.

"어째서 도둑질을 하게 되었는가?"

그러자 이제는 꽤 나이든 도둑이 차분한 어조로 말했다.

"어린 시절, 서너 살쯤 되었을까. 어머니의 손에 이끌려 시장에 갔네. 과일 가게를 지나가다 순간적으로 선반에 있던 사과를 훔쳐 주머니에 넣어버렸지. 가게 주인은 눈치 채지 못했지만, 어머니는 나의 도둑질을 똑똑히 지켜보고 계셨지. 분명 어머니께 심하게 혼날 거라고 단단히 각오하고 있었는데, 아무 일도 없었어. 어머니는 나를 한참 바라보시다가 아무 일도 없었다는 듯이 내 손을 잡고 가게를 나오셨어. 시장에서도 집에 돌아와서도 어머니는 나를 혼내지 않으셨지. 그 작은 사건에서 나는 깨달았네. 물건을 훔쳐도 부모님은 혼내지 않으시는 구나. 도둑질은 나쁜 게 아니구나, 하고 말이야. 그 후로 나는 도둑질을 하기 시작했네."

이때 도둑의 어머니는 '아이니까 사과 한 개 정도 훔치는 건 괜찮을 거야. 이 정도는 봐줘도 돼'라고 안일하게 생각했을 것이다. 그런데 그 안일한 생각은 아이에 대한 기대치가 낮기 때문에 생긴 일이기도 하다. 아이는 어느 선까지 잘못을 저질러도 될지, 계속 부모의 반응을 살피면서 행동한다. 그런데 부모가 자신에게 낮은 기대치를 갖고 있다는 것을 알아차리면 잘못된 행동도 서슴지 않을 뿐더러 부모의 기대 이상으로 성장하지 않는다.

새로운 일을 과감하게 맡겨라

실제로 상사와 부하의 관계에서도 마찬가지다. 부하는 상사의 기대 이상으로 성장하지 않는다. 반대로 하한선을 명확하게 알려주면 그 이하 수준으로 내려가지도 않는다. 아무리 잘못되더라도 동화 속 도둑처럼 되지는 않을 것이다. 높은 목표치를 제시하면 직원들은 끈질기게 노력한다. 그러니 직원들에게 큰 기대감을 갖고 높은 목표를 제시하라.

JR큐슈가 발족한 이후, 사장은 나에게 직접적으로 신규 사업에 관한 업무를 연이어 지시했다.

"새로운 특급열차를 만들게."

"국제 항로를 개척해보게."

"외식사업을 일으켜 세워보게."

이 중에는 완전 백지 상태 혹은 마이너스 지점에서 갑자기 100에 달하는 성과를 내라는 식의 요구도 있었다. 하지만 다행히 나는 타고나길 성격이 낙천적이고 무엇보다 곤란한 상황을 마주하면 의지를 불태우는 스타일이다. 때문에 그런 터무니없는 요구를 나에 대한 높은 기대감으로 받아들였다.

가시밭길이 예견된 사업 부문에 가는 나를 두고 좌천당했다고 말하는 사람도 있었지만, 나는 사장과 직속 상사들의 기대감을 분명하게 느꼈다. 일부러 더 밝은 모습으로 활기차게 움직였고, 덕분에 새로운 임무가 내려왔다.

그런 피할 수 없는 운명의 순환 속에서 고군분투하던 중, 나는 "규슈에 호화 열차를 만들면 반드시 성공할 것이다."라는 말을 들었다. 그 말을 한 사람은 직장 상사가 아니라 지인이었다. 아주 일상적인 술자리에서 나온 말이었지만 신기하게도 그 말이 머릿속에서 떠나질 않았다.

분명 반드시 이루어야 할 꿈이라고, 스스로 생각했던 것 같다. 그로부터 약 25년이 지나 호화 열차는 정말로 규슈를 달리기 시작했다. 그 열차가 바로 나나쓰보시다.

나만의 콘텐츠로
차별화하라

얼마 전까지 일본을 찾는 관광객이라고 하면, 일본의 최신 가전이나 미용 제품 등을 대량 구매하러 온 중국인 단체 관광객의 이미지가 먼저 떠올랐다. 하지만 요즘에는 중국인 관광객도 단체가 아닌 개인이나 소규모 그룹으로 오는 경우가 많다. 그들은 유후인의 고급 료칸 같은 곳에 머무른 뒤 귀국해 그 체험담을 공유하고 확산시키는 역할을 한다. 그들이 사가는 제품도 말차를 넣은 과자, 장인이 만든 식칼, 일본 최고 인기 브랜드의 미용 제품 등으로 가전제품에 대한 관심은 조금 사그라진 것 같다. 단순한 관광이 아닌 일본의 다양한 문화 콘텐츠를 즐기기 시작한 것이다.

세계인을 사로잡을
일본의 매력

최근 다양한 나라에서 온 여행객들이 저마다의 패턴으로 일본을 즐기고 있다. 특히 문화 의식이 성숙한 여행객들에게 수요가 높은 것은 그 나라의 역사, 문화를 비롯한 다양한 콘텐츠다. 그렇다면 세계인의 마음을 사로잡고 있는 일본의 '매력'에는 어떤 것들이 있을까?

신사와 불각, 성곽과 무가武家의 저택, 오래된 민가, 일본 특유의 정취가 느껴지는 상점가, 도자기, 칠기, 도검, 전통 가구, 기모노 등 공예품이다. 후지산, 아소산, 사쿠라지마 등 화산을 볼 수 있는 웅장한 자연환경과 사토야마(마을 근처에 있어 주민들의 생활과 밀접한 관련을 맺고 있는 산―옮긴이), 계단식 논 등 일본 농업을 기반으로 한 전원 풍경도 여행객의 눈길을 끈다.

그뿐 아니다. 일본 고유의 감성과 정성이 깃든 제품, 료칸과 고급 음식점에서 볼 수 있는 오모테나시(진심으로 손님을 접대한다는 뜻을 담은 일본어―옮긴이) 등도 있다.

외국인 관광객의
재방문율을 높이려면

외국인 관광객을 유치할 방법을 논의하다 보면, 종종 와이파이 보급 같은 기술적인 정비를 통한 체류 환경 개선에만 관심이 집중되는 경향이 있다. 물론 그런 준비도 필요하다. 하지만 하루라도 빨리 해야 할 일은 일본이 지닌 매력을 하나씩 찾아내고 발굴하는 것이다.

다시 말해 외국인 관광객의 수를 늘리는 것이 아니라, 재방문율 향상을 목표로 삼자는 말이다. 그러기 위해서는 예산 확보와 기구 설치, 인재 육성 등 일본의 매력을 유지, 발전시키기 위한 다각적인 노력이 필요하다.

최근 중국의 알리바바 그룹이 규슈에서 대형 캠페인을 진행하고 싶다는 의사를 밝혀왔다. 이는 여행이 일상 속에 자리 잡기 시작한 중국 부유층의 수요를 만족시킬 관광지 발굴의 일환이라 할 수 있다. 그들은 무엇을 하기 위해 일본에, 그중에서도 규슈에 오는 것일까?

오늘날 세계 곳곳은 엄청난 속도로 변화하고 있다. 이런 변화무쌍한 기운을 일본으로 그대로 가져오는 전 세계 관광객이 늘어나고 있다는 것은 생각만 해도 가슴 설레는 일이다.

거시적 흐름과 디테일을
함께 읽는 경영자

덴소의 아리마 고지 사장의 초대를 받아 아이치현 가리야시에 있는 본사를 방문한 적이 있다. 덴소는 1949년에 토요타의 전장電裝 부문이 독립하여 탄생한 자동차부품 제조회사다. 회사 발족 당시 일본의 자동차산업은 아직 걸음마 수준이었다. 덴소 자체도 어려운 경영 상황 속에서 출발했다. 하지만 창업 때부터 장인 정신을 중시한 덕분에, 제품 제작에 관해 끊임없이 연구하는 기개만큼은 항상 충만했다.

바로 그 기개가 덴소의 발전을 이끌었다. 지금은 국내외 자동차 제조회사에 자동차용 시스템과 제품을 공급하는 세계 최고 수준의 자동차부품회사가 되었다. 덴소의 2017년도 매출은 약 5조 1억 엔(약 56조 8,800억 원), 영업이익은 약 4,100억 엔(약 4조 6,641억 원)이었다.

덴소의 기술이 뛰어난 이유

덴소를 방문했을 때 나는 본사의 갤러리와 덴소가 운영하는 기업 내 학교인 덴소공업학교도 견학했다. 무엇보다 아리마 사장에게서 오늘날의 덴소가 있기까지의 이야기를 들었고, 현장에서는 사원들의 열정을 고스란히 느낄 수 있었다. 덴소는 놀라울 정도로 수준 높은 제조 기술을 보유하고 있었으며, 연구개발에 대한 관심과 지원 또한 대단했다.

덴소가 만드는 제품은 다양한 종류의 부품으로 구성된다. 부품 대부분을 외부에서 조달하는 것을 당연하게 여기는 시대지만, 덴소는 다르다. 부품 만드는 설비를 포함하여 가능한 한 직접 만들기를 고집해왔다. 갤러리에 전시된 금속가공품 대부분이 덴소가 직접 만든 제품이었다. 선반기와 프레이즈반 등 고도의 기술 결정체가 줄지어 놓여 있었다. 아리마 사장은 "덴소는 1,000분의 1밀리미터의 정밀도를 추구한다."고 말했다.

이 같은 제조 기술력은 국제 기능경기대회에서 일본이 획득한

메달 3개 중 한 개를 덴소 그룹의 청년팀이 획득하는 쾌거로 이어졌다. 이 대회는 올림픽과 마찬가지로 50개 이상의 경기 종목마다 각국 대표가 출전하여 세계 최고 기능공을 가린다. 이 대회에 출전하기 위해서는 국내 대회에서 우수한 성적을 거둬야 하는데, 덴소 그룹의 사원은 매년 여러 종목에서 우승을 이어가고 있다.

물류업계를 비롯하여 다양한 분야에서 세계 표준으로 쓰이는 QR코드를 만든 곳도 다름 아닌 덴소다. 게다가 그것을 무상으로 전 세계에 공개했다. 이는 덴소의 연구개발에 대한 파격적인 투자의 결실이다. 덴소의 연간 연구개발 투자액은 매출의 8.8퍼센트인 4,500억 엔(약 5조 1,198억 원)에 달한다. 이는 매출 대비 금액으로는 일본에서도 최고 수준으로 놀라울 정도다. 이런 지원 덕분에 덴소는 세계적으로 약 3만 8,000건의 특허를 보유하고 있다.

놀라운 오모테나시를 경험하다

덴소 방문의 첫 번째 목적은 그날 개최된 덴소의 TQM_{Total Quality} Management 대회에서 강연하기 위함이었다. 나는 덴소 및 관련 회사에서 온 약 700명의 간부들 앞에서 나나쓰보시를 제작하기까지 있었던 다양한 에피소드와 기에 대해 이야기했다.

보통 이런 자리는 회사 자랑을 늘어놓을 기회지만, 그날은 조금 달랐다. 나는 강연 전후 겪은 덴소 관계자들의 '오모테나시' 즉 극진한 환대에 압도되었다. 강연 직전, 덴소 본사에 도착해 자동차에서 내리자 아리마 사장을 포함한 약 20명의 사람들이 입구 앞에 서서 나를 반겨줬다. 그 성대한 환영 인사에 깜짝 놀랐다. 사람들의 웃는 얼굴도 매우 인상 깊었다. 몹시 감격스러웠다.

한 시간 남짓 걸린 강연이 무사히 종료되고, 마무리 인사를 하자 회장 안에는 우레와 같은 박수 소리가 퍼져 나갔다. 박수에도 여러 종류가 있다. 그날 덴소 직원들의 박수는 '진심이 담긴 박수'였다. 최근에는 한 달에 한 번꼴로 강연할 기회가 생기는데, 그때만큼 각별한 박수를 받아본 적은 없는 것 같다. 그때 덴소 직원들의 박수에는 '기'가 흘러넘쳤다.

강단에서 내려와 회장 중앙에 난 통로를 따라 출구를 향해 걸어가다 보니, 너나 할 것 없이 통로 양쪽에 있는 사람들이 기립 박수를 치기 시작했다. 순식간에 회장 안의 모든 사람들이 일어나 나에게 박수를 보냈다. 이런 경험은 처음이었다. 고마운 마음과 함께 감동이 밀려와 몸이 떨릴 정도였다.

덴소공업학교를 견학할 때도 학생들의 극진한 환대를 느꼈다. 실습 수업을 듣고 있는 학생들은 진지한 태도로 고도의 기술을 배우는 데 열중하고 있었다. 하지만 내가 옆을 지나가자 모든 학생이 얼굴을 들고 씩씩한 목소리로 미소 지으며 인사했다. 덴소의 장인 정신은 인재 육성에서도 발휘되고 있었다. 오모테나시 정신이 사풍에 자연스럽게 녹아 있는 느낌이었다.

시대의 최첨단을
걷는 자의 위기감

"덴소는 지금 상당한 위기감을 느끼고 있습니다. 회사의 존망이 걸린 위기감이지요."

덴소 사장이 한 말에 나는 큰 충격을 받았다. 덴소는 수익도 꾸준히 늘어나는 중이었고, 제품 제조에 관해 끊임없이 연구하고 있으며, 연구개발 분야에도 상당한 노력을 기울는 중이었다. 밖에서 보면 덴소는 순풍에 돛을 단 배처럼 순항하는 듯 보였다. 그런데 사장의 입에서 '상당한 위기감'이라는 말이 나오다니 전혀 예상치 못한 일이었다.

아리마 사장의 설명을 듣고 나서야 이해가 되었다. 자동차업계는 지금 100년에 한 번 있을 법한 대변혁이 일어나고 있다. 그 변혁의 물결은 3가지로 정리할 수 있다.

첫째, 전기 자동차로의 대전환이다. 엔진에서 모터로, 가솔린에서 전지로, 동력원의 주역이 바뀌는 전동화電動化 시대에 들어서고 있다. 전동화의 흐름은 최근 1년 동안 상당히 빠른 속도로 이루어졌다. 세계 자동차업계의 세력 구도가 순식간에 바뀔 것이며, 자칫하다간 자동차부품 제조업이 도태될 수 있다.

둘째, 자율주행자동차의 보급 실현이다. 빨라도 10년 후에나 가능하다고 생각했던 자율주행자동차가 AI 기술의 급격한 진보로 인해 예상보다 훨씬 더 빨리 실현될 것으로 예상되고 있다. 만일 자율주행자동차가 널리 보급되면 분명 산업 구조 전체가 크게 바뀔 것이다.

마지막으로 카 셰어링의 급격한 확대다. 여러 사람이 자동차를 공동으로 이용하는 카 셰어링은 약 30년 전에 스위스에서 시작되어 전 세계로 퍼져 나갔다. 일본에서도 최근 몇 년 동안 급속하게 확대되었다.

이런 대변혁을 눈앞에 둔 경영자가 건전하지만 강한 위기감을 느끼는 것은 당연한 일일지도 모른다. 진심을 담아 환대해준 직원들을 보며 덴소는 이 위기감을 긍정적인 에너지원으로 변화시켜 잘 극복할 것이라는 확신이 들었다. 그날 나는 덴소 방문에서 큰 자극을 받았다. 덕분에 내 안에 또다시 새로운 '기'가 충만해짐을 느꼈다.

리더라면
경영의 최전선에 서라

얼마 전 상하이에 있는 화웨이_{Huawei}의 R&D_{Research and Development}(연구개발) 센터를 방문했다. 화웨이는 스마트폰 점유율 부문에서 중국 1위, 전 세계 3위인 통신장비 제조회사다.

상하이에 있는 R&D 센터는 세계 각지 14곳에 있는 화웨이 연구개발의 거점 중 하나다. 상하이 R&D 센터 입구에 서면, 눈앞에 거대한 벽처럼 옆으로 길게 펼쳐진 빌딩이 보인다. 전체 길이가 1,100미터로 몇 년 전까지는 아시아에서 옆으로 가장 긴 건물이었다. 이 센터에서는 1만 명이 넘는 직원이 연구개발에 매진하고 있었다. 연구개발 인원만 1만 명이라니, 그 규모에 깜짝 놀랐다.

나는 곧바로 시설 내에 있는 화웨이 전시홀로 안내받았다. 박물관처럼 넓은 공간에 화웨이가 만든 통신장비가 질서정연하게 전시되어 있었다. 대부분은 앞으로 전 세계에 출시할 목적으로 개발 중인 제품이었다. 가까운 미래의 통신 세계가 어떻게 펼쳐질지 이해하기에 좋은 구성이었다.

내 눈으로 직접 목격한 화웨이의 높은 기술 수준과 연구개발 속도는 감탄을 자아내기에 충분했다. 더욱이 선전시에 있는 R&D 센터는 상하이 센터보다 더 대단하다고 하니, 다시 한번 놀랄 수밖에 없었다.

중국 기업들의 놀라운 약진

화웨이는 전 세계에 18만 명의 종업원이 있으며, 그중 40퍼센트에 달하는 8만 명이 연구개발에 종사하고 있다. 게다가 매년 매출(2017년 기준 약 114조 원)의 10퍼센트 이상을 연구개발에 투자하고 있다.

중국 기업 중 기술이 세계 최고 수준에 이른 회사는 화웨이만이 아니다. 알리바바, 텐센트, 바이두 등도 IT 관련 분야에서 미국을 능가할 정도로 급성장하고 있다. 이러한 중국 기업의 기술력이 세계 최고 수준임을 보여주는 데이터가 있다.

앞서 언급한 국제 기능올림픽에서 국가별 금메달 획득 수를 개최연도별로 살펴보면, 어느 시기에 어느 국가의 기능이 우수한지 쉽게 알 수 있다. 1960년대부터 1970년대 전반까지 금메달 획득 수 1위 국가는 일본이었다. 최근까지는 그 자리를 한국에게 내줬는데, 2017년에 열린 대회에서는 중국이 차지했다. '메이드 인 차이나' 제품이 급격한 품질 향상을 보여주며 그 존재감을 확실히 드러내고 있다.

화웨이 견학 후, 나는 상하이의 최첨단 슈퍼마켓도 둘러봤다. 알리바바 그룹이 경영하는 슈퍼마켓 허마셴성이다. 특히 신선식품 매장에서 본 광경은 지금도 선명하게 떠오른다. 생선이나 육류를 사려는 고객이 상품 선반에 있는 가격표에 스마트폰 카메라를 대고 QR코드를 찍는다. 그러면 알리바바가 제공하는 스마트폰 결제 어플리케이션 알리페이Alipay가 인식해 결제 절차가 완료된다. 이제 계산대에서 현금으로 값을 지불하는 사람은 거의 없다. 본인이 상품을 가지고 돌아가는 사람도 거의 없다.

직원들은 결제가 완료된 상품을 비치된 바구니에 넣은 뒤 천장 아래에 설치된 컨베이어벨트에 건다. 상품을 넣은 바구니가 많은 고객이 보는 가운데 컨베이어벨트를 따라 배송센터까지 운반되면, 대기하고 있던 배송 담당자가 픽업한 후 바이크를 타고 배송한다. 고객의 집 주소는 알리페이에 등록되어 있다.

이 슈퍼마켓의 광고 문구는 '쇼핑 후 30분 내에 집까지 배송해 드립니다'이다. 반경 3킬로미터 이내라면 고객이 매장에서 결제한 상품을 30분 안에 배달해준다. 이 글을 쓰고 있는 2018년 여름 현재, 알리바바는 이 매장을 중국 내에서 50개까지 확대했다. 빅 데이터의 대량 획득과 이 비즈니스 모델의 대폭적인 흑자화를 동시에 달성하려 하고 있다.

그런 알리바바와 JR큐슈가 손을 잡고, 완전히 새로운 프로젝트를 발족한다. 관광청의 자료에 따르면, 2017년 규슈 7현에서 숙박하는 일본인 수는 4,802만 명으로, 도쿄의 3,908만 명을 크게 웃돈다. 그러나 중국인 숙박객 수를 보면, 규슈 7현은 같은 해 기준으로 72만 명에 불과하다. 도쿄의 408만 명에 크게 못 미치는 수치다. 알리바바는 이 점에 착안했다.

고유 ID 수(대략적인 이용자 수)를 기준으로 5억 명분의 고객 자산을 가지고, 핀란드 등 북극권과 남극권의 여행상품 판매 서비스로 대단한 성과를 거둔 알리바바가 다음 대상으로 규슈에 눈을 돌렸다. JR큐슈로서는 환영할 일이다. 당연히 앞서 말한 알리페이의 보급도 염두에 둔 전략일 것이다. 일본을 대표해 JR큐슈가 이 제안을 받아들이고 선두에 서서 중국 기업과 협력할 각오를 마쳤다.

이를 기회로 규슈에는 중국인 관광객이 상당히 늘어날 것이다.

2018년 10월부터 2019년 3월까지 5만 명의 여행객을 목표로 삼고 있으며, 2023년까지는 100만 명을 목표로 하고 있다. 그동안 알리바바 그룹 내의 계정을 가진 이용자는 50만 명 정도가 될 것으로 예상한다.

알리바바 그룹은 규슈에서 알리페이를 보급하는 동시에 전국적으로 캐시리스 사회cashless society, 즉 현금을 가지고 다니지 않아도 되는 사회를 추진할 예정이다. 사실 이미 일본에서도 기후현 다카야마시 등에서 알리페이의 시험적 도입이 부분적으로 이루어지고 있다. 예상 외로 청년층뿐만 아니라 그 이상의 연령층에서도 편리성을 인정받고 있다고 한다. 중국과 함께 추진하는 마을 활성화 사업은 분명 우리에게도 새로운 기회가 될 것이다.

중국의 실리콘밸리
선전경제특구

상하이에서 돌아와 중국 사정에 밝은 지인에게 그곳에서 보고 들은 것을 이야기하니 별로 놀랍지 않다는 반응이었다.

"상하이보다 선전 쪽이 더 대단합니다."

나를 충격에 빠뜨린 상하이의 슈퍼마켓 같은 매장이 선전에서는 이미 당연하게 여겨진다고 했다. 선전시 사회과학원 조사에 따르면, 대략 30년 전 선전은 인구 30만 명의 어촌이었다. 하지만 현재는 인구 1,500만 명이 넘는, 중국을 대표하는 신흥 대도시이며 중국의 실리콘밸리로 불린다.

1980년 정부가 경제특구로 지정한 이후 IT산업, 금융업, 물류업의 거점으로 빠르게 발전했다. 지금은, 중국은 물론 세계를 대표하는 경제도시로 성장했다. IT에 대해 잘 아는 사람들은 하나같이 입을 모은다.

"선전은 이미 미국의 실리콘밸리를 뛰어넘었다."

화웨이의 본사도 선전에 있다. 세계 IT 연구개발의 거점도 선전에 몰려 있다. 드론에 관한 연구개발도 선전이 가장 앞서 있고, 중국에서 수출하는 드론의 98퍼센트는 선전 항에서 출하하고 있다. '싸고 기능 좋은 드론이라면, 중국 선전시의 제품일 것'이라는 인식이 세계적으로 퍼져나가고 있다.

최근 10년 동안 중국의 대기오염이 심각하다는 보도가 많았다. 선전은 특히 그 상징처럼 회자되곤 했다. 그러나 1~2년 사이에 상황이 크게 달라졌다. 2017년 조사에서는 PM 2.5인 초미세먼지의 농도가 도쿄보다 낮다는 자료도 있다고 한다. 최근 중국 지인이 보여준 사진에서도 선전의 하늘은 아주 청명했다.

오늘날 중국은 엄청난 속도로 변하고 있다. 이 같은 중국의 놀라운 변화를 그저 바라만 보고 있을 것인가. 역사는 반복된다. 중국은 다시 크게 도약할 것이다. 이를 인식하지 못하는 경영자는 기업을 잘못된 방향으로 끌고 나갈 수 있다.

경영자라면 새로운 경험을 하는 데 주저해서는 안 된다. 리더로서 경영의 최전선에 서서 세상의 변화를 가장 먼저 받아들여야 한다. 중국의 눈부신 약진이 가져올 전 세계 비즈니스 환경의 변화를 읽고, 더 늦기 전에 우리 기업은 어떤 기회를 엿볼 것인지 고민해야 할 때다.

사소함이 열정을 만날 때
모든 것은 특별해진다

"어떤 사람을 가장 좋아하세요?"

가끔 이런 질문을 해오는 이들이 있다. 성별에 상관없이 어떤 사람을 좋아하는지 묻는 질문인데, 특정인을 꼽기 어려울뿐더러 어떤 성향의 사람을 좋아하는지에 대해서도 하나로 규정하기 어렵다. 하지만 내가 좋아하는 유형의 사람에 대해 10가지 정도 꼽으라면 망설이지 않고 답할 수 있다.

- 사소한 것에도 열정을 발휘할 줄 아는 사람
- 항상 밝은 표정을 짓는 사람

- 자신만의 콘텐츠를 갖고 있는 사람

- 새로운 경험을 하는 데 주저하지 않는 사람

- 나의 재미없는 농담에도 웃어주는 사람

- 큰 목소리로 인사를 잘하는 사람

- 사람이나 물건의 장점을 찾아내는 사람

- 재빨리 행동하는 사람

- 술을 마시지 않아도 밤늦도록 함께 있어주는 사람

- 음식을 맛있게 먹는 사람

이 책에는 그중 첫 번째인 '사소한 것에도 열정을 발휘할 줄 아는 사람'과 세 번째인 '자신만의 콘텐츠를 가진 사람'이 많이 등장한다. 그런 사람들이 모여 일하는 조직은 잘될 수밖에 없다. 손 글씨로 무가지를 발행하는 직원에서부터 고객들의 작은 불편함도 놓치지 않고 새로운 서비스를 개발해내는 직원까지, 모두 자신만의 콘텐츠를 갖고 열정적으로 일한다. 거기에는 고객의 마음을 세심하게 헤아리는 진심과 배려의 마음이 들어 있다. 이런 직원들 덕분에 나나쓰보시는 세계적인 열차가 될 수 있었다.

이 책을 써야겠다고 생각하게 된 것은 다이아몬드 출판사의 데라다 요지 씨 덕분이다. 어느 날 갑자기 데라다 씨에게서 만나고 싶다는 연락이 왔고, 카페에서 만남을 가졌다. 처음 만나는 자리인데도 그는 내가 쓴 전작의 디테일한 부분까지 열정적으로 이야기하기 시작했다. 데라다 씨의 열정이 집필 생각이 전혀 없었던 나의 마음을 흔들었다. 결국 나는 그가 쥐어준 무거운 펜을 들고 이 책을 쓰고 말았다.

나는 이런 사람들을 좋아한다. 이런 이들은 자신뿐 아니라 함께 일하는 사람들에게도 즐거운 경험을 선사하게 마련이다.

가라이케 고지